国家示范性高等职业院校课程改革教材

Gaodengji Gonglu Yanghu

高等级公路养护

（高等级公路维护与管理专业用）

韩丽馥　主编
郑宝堂　主审

人民交通出版社

内 容 提 要

本书是国家示范性高等职业院校课程改革教材。全书共设置四个相对独立的学习情境,分别是:路基养护、沥青路面养护维修、水泥混凝土路面养护维修、桥隧养护维修。

本书是高职高专院校高等级公路维护与管理专业教学用书,也可作为职业技能培训教材使用,或供从事路桥工程养护和管理的技术人员参考使用。

图书在版编目(CIP)数据

高等级公路养护/韩丽馥主编. —北京:人民交通出版社,2010.3

ISBN 978-7-114-08213-9

I.高… II.韩… III.公路养护 IV.U418

中国版本图书馆CIP数据核字(2010)第010527号

国家示范性高等职业院校课程改革教材

书　　名:高等级公路养护(高等级公路维护与管理专业用)
著 作 者:韩丽馥
责任编辑:周往莲
出版发行:人民交通出版社
地　　址:(100011)北京市朝阳区安定门外外馆斜街3号
网　　址:http://www.ccpress.com.cn
销售电话:(010)59757969, 59757973
总 经 销:人民交通出版社发行部
经　　销:各地新华书店
印　　刷:北京鑫正大印刷有限公司
开　　本:787×1092　1/16
印　　张:7.75
字　　数:187千
版　　次:2010年3月第1版
印　　次:2011年1月第2次印刷
书　　号:ISBN 978-7-114-08213-9
定　　价:24.00元

道路桥梁工程技术专业课程改革教材
编审委员会

序　言

教育部《关于全面提高高等职业教育教学质量的若干意见》(教高[2006]16号)明确指出:“高等职业教育作为高等教育发展中的一个类型,肩负着培养面向生产、建设、服务和管理第一线需要的高技能人才的使命”。探索类型发展道路、构建高技能人才培养模式、开发特色教学资源,是高职院校的历史责任。

2006年,辽宁省交通高等专科学校进入国家首批高等职业教育示范院校建设行列,道路桥梁工程技术专业是重点建设专业之一。几年来,该专业团队积极在“类型”概念下探索高等职业教育教学资源建设模式和“高技能人才”培养规格及培养模式。通过对公路建设工程整个过程各阶段的职业岗位和典型工作任务的调研、分析、论证,确定了面向施工一线的道路桥梁工程技术专业高技能人才的专业能力规格,即工程勘察与初步道桥设计、工程概算与招投标、材料试验与检测、道桥工程施工与组织、质量验收与评定“五项能力”规格,并结合北方地域气候特点,构建了教学安排与施工季节相结合,教学内容与施工过程相结合,校内实训与企业顶岗实习相结合的“三个结合”人才培养模式。针对“五项能力”,按照“三个结合”,着眼于实际操作、技术跟踪和综合素质的提高,系统开展课程体系、课程内容改革,并进行相应的教学资源建设,力图通过“在学习中工作,在工作中学习”的教学过程,实现高技能人才的培养目标。

本次出版的系列教材,是专业课程改革和教学资源建设的阶段性成果,是国家示范性建设成果的组成部分,也是全体专业教师、一线工程技术人员共同的智慧结晶和劳动成果。

在教材的开发过程中,得到教育部、国家示范性高等职业院校建设工作协作委员会、辽宁省教育厅等各级领导和诸多专家的关心指导,得到众多企业、行业及兄弟院校的大力支持,在此一并致以崇高的谢意!

由于开发时间短,教学检验尚不充分,错误和不当之处难免,敬请专家、同行指教!

道路桥梁工程技术专业教材开发组

二〇〇九年四月

前　言

“高等级公路养护”是以职业能力培养为核心，基于行动导向的职业教育理念，以“公路养护方法”为主线编写的适应高等级公路维护与管理专业高等职业教育的教材。本教材是以国家和交通运输部颁发的最新公路技术标准、公路养路规范、桥梁养护规范为依据，以职业岗位工作目标为切入点，紧紧围绕公路养护过程编写的。在编写的过程中注重理论联系实际，强化实用性和可操作性，重点突出行业对从业人员知识结构和职业能力的需求，充分体现高等职业教育的特点。

本教材具有以下特点：

1. 教材以行动为导向，以工学结合人才培养模式改革与实践为基础，按照典型性、对知识和能力的覆盖性、可行性原则，遵循认知规律与能力形成规律，设计教学载体，梳理理论知识，明确学习内容，使学生在职业情境中“学中做、做中学”。

2. 打破传统教材按章节划分理论知识的方法，将理论知识按照公路的基本组成进行重构，通过任务的完成使学生学有所用，学以致用，与传统的理论灌输有着本质的区别。

3. 教材体现了以学生为主，教师为辅。通过专业教室与多媒体教学设备的运用，引导学生自学、自查资料，互相交流，老师只是起到引导、指导的作用。

4. 教材体现了以学习过程进行教学评价，强调学生的过程成绩，彻底打破了期末笔试定成绩的传统。

5. 教材内容充分体现了新知识、新技术、新工艺和新材料、新方法，突出工艺要领和操作技能的培养，具有超前性和先进性。

本书共分四个学习情境，分别是：学习情境1　路基养护；学习情境2　沥青路面养护维修；学习情境3　水泥混凝土路面养护维修；学习情境4　桥隧养护维修。

本书由辽宁省交通高等专科学校韩丽馥制定编写大纲并担任主编，辽宁省交通高等专科学校郝晓彬、于国锋、王卓娅、张美娜、张家宇、唐玉勃等参与了本书的编写。具体分工如下：学习情境1由张家宇编写；学习情境2由韩丽馥、王卓娅编写；学习情境3由郝晓彬编写；学习情境4中单元4.1、单元4.2、单元4.3由张美娜编写，学习情境4中单元4.4、单元4.5由唐玉勃编写，单元4.6由唐玉勃、于国锋编写。全书由韩丽馥进行统稿。辽宁省交通高等专科学校郑宝堂担任主审。

本书编写过程中，参考和引用了大量有关文献资料，在此对原作者顺致谢意。由于时间仓促，水平有限，书中内容难免存在缺点和错误，敬请读者批评指正。同时，随着各项改革的逐步深入及养护新技术、新材料、新工艺的进一步完善，书中难免有不妥之处，敬请广大读者批评指正。

编　者

2009年11月

目　　录

学习情境 1

路基养护

情境导入

路基是按照路线位置和一定技术要求修筑的带状构造物，是路面的基础，承受由路面传递下来的行车荷载。它贯穿公路全线，与桥梁、隧道相连，构成公路的整体。影响路基强度和稳定性的因素有两方面：一方面是自然因素和地质条件，其中最主要的是温度和湿度；另一方面是人为因素，包括设计、施工和养护。路基工程完成后，路基的质量将主要取决于路基的养护水平。

学习目标

【知识目标】 完成本学习情境的学习，学生能够熟练掌握路肩、边坡和构造物养护的基本方法和手段，了解翻浆产生的原因和主要影响因素，并能有针对性地进行路基翻浆的防治，同时掌握盐渍土等特殊地区路基养护的方法与手段。

【能力目标】 学生能够正确分析影响路基稳定的影响因素，合理选择对应的养护手段和措施。

单元 1.1　路肩、边坡、构造物的养护

知识导入　路肩、边坡和构造物是路基的主要部分，受自然因素和行车的影响，容易出现损坏，是路基日常养护的主要内容。路肩、边坡和构造物的维修与加固是否及时，直接影响公路的正常运营及其使用寿命。这部分内容是我们公路养护工作的主要内容。

1.1.1　路基养护的内容与要求

一、路基养护工作的内容

为了使路基满足密实、稳定、均匀的基本要求，必须采取防止地面水和地下水浸入路基的措施，保持排水系统完好，路基各部分尺寸和坡度符合规定，并及时消除不稳定因素。为此，路基养护工作的内容包括：

(1)维修、加固路肩和边坡；

(2)疏通、改善、铺砌排水系统；

(3)维护、修理各种防护构造物及透水路堤，管护两侧公路用地；

(4)消除坍方、积雪，处理塌陷，检查险情，消除水毁；

(5)观察、预防和处理翻浆、滑坡及泥石流等病害；

(6)有计划地局部加宽、加高路基，改善急弯、陡坡和视距，使之逐步达到要求的技术标准。

二、路基养护的基本要求

路基养护的基本要求是通过日常巡视和定期检查，发现问题，分析原因，及时采取维修措施，达到以下要求：

(1)路肩无车辙、坑洼、隆起、沉陷、缺口，横坡适度，边缘顺适，表面平整、坚实、整洁；

(2)边坡稳定、平顺，无冲沟，坡度合乎规定；

(3)边沟、排水沟、截水沟、路肩水簸箕(路面拦水缘石出水口)、跌水井、排水设施保持无蒿草、无淤塞，纵坡适度，水流通畅，进出水口良好；

(4)挡土墙、护坡及防雪、防沙等设施保持完整无损坏，砌体伸缩缝填料完好，泄水孔无堵塞；

(5)及时治理翻浆路段，使其尽快恢复到原有路况，对坍方、滑坡、泥石流等病害做好防护抢修，尽量缩短阻车时间。

在上述养护工作中，要特别注意保持路基排水系统处于完好状态，因为水是造成多种路基病害的重要因素。

1.1.2　路肩的养护与维修

路肩是路基基本构造中的一部分，其功能是保护路面边缘，加强路基的稳定性，便于行人

和非机动车的通行，也可用于紧急情况下的临时停车，偶尔兼供错车之用。路肩的养护与维修工作的重点是减少或消除水对路肩的侵害。

一、土路肩养护的要点

土路肩上如出现车辙、坑洼以及因行车道罩面、加铺保护层而造成错台，必须及时清除积水与淤泥，并填平夯实，使其顺适。路肩过高妨碍路面排水时，应铲削整平。铲削路肩，宜在雨后土壤湿润状态下，结合清理边沟及修理边坡同时进行。路肩横坡度过大时，宜用良好的沙土或与原路基相同的土以及其他合适的材料填补压实，不得用清沟挖出的淤泥或含有草根的土填补。沙土或粉沙土地段应掺拌黏性土加固表面，提高其稳定性。填补厚度大于15cm时，应分层夯实。土质或有草的路肩应满足其横坡比路面坡度大1%～2%的要求，以利排水。路肩外缘由于流水冲刷等各种原因形成缺口时，应及时修补，使其保持整齐顺适。所用材料应本着经济实用的原则，因地制宜，就地取材，也可结合GBM工程的实施，采用石块、水泥混凝土预制块，也可用草皮铺砌成宽20cm左右的护肩带，既保护路肩，又美化路容。

二、陡坡路段路肩养护的要点

陡坡路段的路肩，容易被暴雨冲成纵横沟槽，为此可采取以下防护措施。

(1)设置截水明槽。自纵坡坡顶起，每隔15～20m，两边交错设置宽为30～50cm的斜向截水明槽，并用砾(碎)石填满；同时在路肩边缘处设置高10cm、上宽10cm、下宽20cm的拦水土埂，在每条截水明槽处，留一淌水口，其下面的边坡用草皮或砌石加固，使雨水集中由槽内排出，如图1.1.1所示。

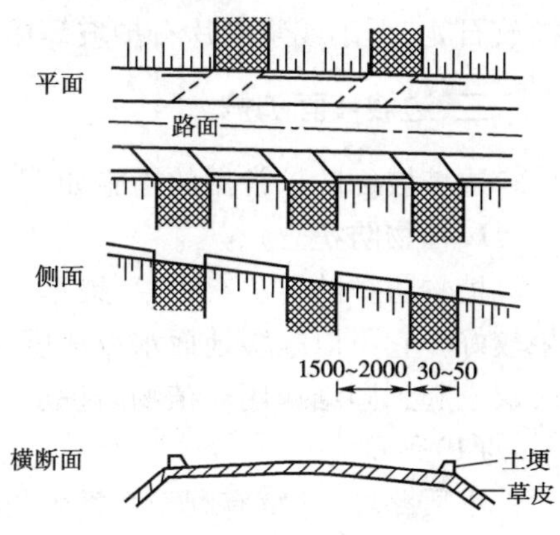

图1.1.1 路肩截水明槽(尺寸单位:cm)

(2)有计划地铺成硬路肩。

(3)在陡坡路段的路肩和边坡上全范围人工植草，以防冲刷。陡坡的水流较急，其排水不受影响。

三、堆料台的设置

路肩上严禁种植农作物和堆放任何杂物。对养路材料，应在公路以外连接路肩处，根据地形条件，选择适宜地点设置堆料台，如图1.1.2所示。

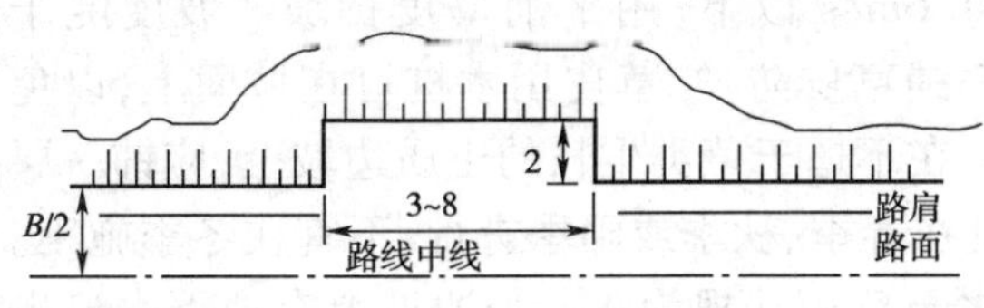

图1.1.2 堆料台(尺寸单位:m)

四、路肩的硬化

高速公路及实施GBM工程的一般公路，路肩应根据设计要求硬化，并铺砌路肩边缘带。对于一般公路也应尽量利用当地的砾石或矿渣等材料，对路肩有计划地进行加固、硬化，或用沥青、水泥混凝土材料改铺成硬路肩。但是应注意到，此时路肩的养护工作转化为同类型路面的养护工作。

1.1.3 边坡的养护与维修

边坡包括路堑边坡和路堤边坡,是保护路基的重要组成部分。边坡养护与维修工作的重点是保持其稳定性,即边坡坡面应经常保持平顺、坚实、无裂缝。

一、石质路堑边坡养护要点

对于石质路堑边坡,应经常注意边坡坡面岩石风化发展情况,以及边坡上的危岩、浮石的变动。若发现问题,及时采取适当的措施,如抹面、喷浆、勾缝、灌浆、嵌补、锚固等,以免堵塞边沟或危及行车和行人。

二、土质路堑边坡养护要点

对于土质路堑边坡、碎落台、护坡道等,如经常出现缺口、冲沟、沉陷、塌落或受洪水、边沟流水冲刷及浸水时,应根据水流、土质等情况,选用种草、铺草皮、栽灌木丛、铺柴束、篱格填石、投放石笼、干砌或浆砌片石护坡等措施,进行防护和加固。

三、边坡坡面防护

边坡坡面防护常用的措施如下。

1. 植物防护

植物防护的方法有种草、铺草皮和植树。采用植物覆盖层对坡面进行防护,工序简单,效果较好。它可以减缓地面水流速度,调节表层水温状况,植物根系深入土层,在一定程度上对表层土起到固结作用。植物防护适用于适宜植物生长的土质边坡。

(1)种草

土质路堤、路堑有利于草类生长的边坡,或河面较宽、主流固定、流速小、路线与水流方向接近平行、路堤边坡段受季节性浸水或冲刷轻微、土质适于草类生长的边坡,均可种草。坡面上的土质不适合种草时,可铺一层5~10cm厚的种植土,然后再种草。经常浸水或长期浸水的路堤边坡,不宜采用种草防护的方法。边坡上的防护种草已扎根时,可以允许暂时性的缓慢流水(0.4~0.6m/s的流速)的作用。

草籽的选用,应根据当地的土壤和气候条件,选用易于生长、根系发达、叶茎低矮或有匍匐茎的多年生的草种为宜。最好采用几种草籽混合播种,以利用植物中的优胜劣汰促使草的生长。种草时还应注意选择合适的季节,并要经常注意检查补种和适当施肥。

(2)铺草皮

坡度不陡于1:1.5,且浸水时水流速度在0.6m/s以下,用平铺草皮护坡。坡度陡于1:1.5,且浸水时水流速度在1.5m/s以下,可用叠铺草皮防护,草皮用木桩钉在坡面上,以免松动下滑。铺草皮前,应将边坡表层土挖松整平。在不适于草类生长的土质边坡上,应铺一层6~10cm厚的种植土,然后再铺设。铺草皮工作宜在春季、秋季或雨季进行,不宜在冬季施工。如在气候干燥季节铺草皮,草皮铺后,应及时浇水至草皮扎根为止。当边坡上有地下水流出时,应注意使铺设的草皮不阻塞地下水的出口,以免影响边坡稳定。

(3)植树

在路基斜坡上和沿河路堤之外河漫滩上植树,能加固路基和河岸,并使水流速度降低,防止和减少水流对路基或河岸的冲刷。林带可以防风、防沙和防雪,还可以美化路容,调节气候,增加木材产量。对于土质路堑边坡、碎落台、护坡道等,如经常出现缺口、冲沟、沉陷、塌落或受洪水、边沟流水冲刷及浸水时,应根据水流、土质等情况,选用种草、铺草皮、栽灌木丛、铺柴束、篱格填石、投放石笼、干砌或浆砌片石护坡等措施,进行防护和加固。

2. 坡面处治

对易风化的软质岩石或破碎岩石路堑边坡,常受自然条件的影响剥落而破坏,用植树防护有困难时,可选用抹面、喷浆、勾缝、灌浆和嵌补等方法进行处治,以保证路基的稳定。

(1)抹面

抹面防护适用于易风化而表面较完整,尚未剥落的岩石边坡,选用混合材料涂抹坡面,防止表层岩石风化的进一步发展。但必须注意,抹面仅起到防护层作用,不能承担荷载,故边坡必须是稳定的。

抹面前,对被处治坡面进行清理,并应将坡面上的坑洼用小石块嵌补填平,然后用水洒湿坡面,使灰浆与坡面结合良好。根据经验,抹面砂浆宜采用石灰炉渣混合灰浆、石灰炉渣三合土、四合土等混合料,并且按照一定的配合比进行混合。抹面应均匀涂干,然后待灰浆稍干即进行夯拍,直至表面出浆为止,并应进行洒水养护。

(2)喷浆

喷浆防护适用于易风化而仍较完整的岩石路堑边坡,是将灰浆均匀地喷射在岩层表面上,使之形成一个保护层,是防治坡面风化破坏的一种措施。这种方法施工简便,效果较好,但水泥用量较大。通常采用的方法为重力喷浆法,即将浆桶置于高处,接近桶底处开一小洞接胶皮管,借助重力的作用喷出,所用的机具设备较简单。

喷浆前应对坡面进行清理,并用水冲洗干净;喷浆材料,可用纯水泥浆或水泥砂浆,也可采用水泥石灰砂浆,其配合比(按质量比)为:水泥:石灰:砂:水=1:1:6:3;喷浆厚度视坡面岩石风化程度而定,一般为2cm左右。需较厚者可以分层喷射,喷浆后应洒水养生。

(3)勾缝

勾缝适用于较坚硬的、不易风化的、节理裂缝多而细的岩石路堑边坡,用以防止雨水沿裂缝浸入岩层内部造成病害。勾缝使用的砂浆,可用按质量比为1:2的水泥砂浆,也可用按体积比为1:0.5或1:2:9的水泥石灰砂浆。

(4)灌浆

灌浆适用于较坚硬的、裂缝较大且较深的岩石路堑边坡,借砂浆的黏结力把裂开的岩石黏结为一体,维护边坡的稳定。灌浆可用按质量比为1:4或1:5的水泥砂浆,有条件时宜尽量采用压浆机灌注,裂缝较宽时可用混凝土灌注。

(5)嵌补

嵌补防护适用于补平岩石坡面中有较深的局部凹坑,以防岩面继续破损碎落,维护边坡的稳定。可用砌浆石块或水泥混凝土嵌补齐平。

(6)锚固

锚固防护适用于岩石边坡的层理或构造面倾向于路基,并有可能顺层面下滑的情况。这种方法是垂直岩面坡面钻洞,将钢筋直穿至稳定基岩内,然后向洞内灌入水泥砂浆,使钢筋串联岩层,阻止岩层下滑。

四、土工合成材料在边坡养护中的应用

目前,土工合成材料的发展为边坡防护、加固提供了新材料、新技术和新方法。常用于边

坡防护、加固的土工合成材料有：土工网、土工格栅、防老化的塑料编织布、土工膜袋等。使用上述材料进行边坡防护和加固的突出优点是：施工简便、进度快、造价低、效果好。

1.1.4 构造物的养护与维修

一、排水构造物的养护

路基排水系统能否正常工作，直接影响到路基的稳定性。因此，加强对各排水设施的日常养护与维修，是确保路基稳定的关键环节。

对边沟、截水沟、排水沟以及暗沟(管)等排水设施，在春融前，特别是汛前，应全面进行检查疏通；雨中必须上路巡查，及时排除堵塞、疏导水流，保持水流通畅，并防止水流集中冲坏路基；暴雨后应进行重点检查，如有冲刷、损坏，须及时修理加固，如有堵塞应立即清除。对土质边沟，应经常保持设计断面，满足排水要求。沟底应保持坡度不小于0.5%的纵坡，在平原地区排水有困难的路段，坡度不宜小于0.3%。边沟内不能种庄稼，更不能利用边沟做排灌渠道。边沟外边坡也应保持一定的坡度，以防坍塌、阻塞边沟。如果发现渗沟、盲沟出水口处长草、堵塞，应进行清除和冲洗，对有管渗沟应经常检查疏通，以保证管内水流顺畅；如发现反滤层淤塞失效，则应翻修，并剔除其中较小颗粒的砂石，以保证其孔隙便于排水；如位置不当，则应另建渗沟或盲沟。

二、挡土墙的养护与维修

挡土墙是支承路基填土或山坡土体，以防填土或土体失稳的构造物。

挡土墙的日常养护除经常检查外，还应在每年春秋两季进行定期检查。在北方冰冻严重地区，尤其要注意检查挡土墙在冰冻融化后墙身及基础的变化情况，以及在冻前采取防护措施。另外，在气候反常、地震或超载重车通过等特殊情况下，还应进行专门检查。发现裂缝、断裂、倾斜、鼓肚、滑动、下沉、表面风化、泄水孔不通、墙后积水、周围地基错台或出现空隙等情况，应查明原因，并观察其发展情况，采取合理的措施进行修理加固，同时建立技术档案备查。

圬工或混凝土墙的裂缝、断缝，如已停止发展，应立即进行修理、加固，其方法是将裂缝缝隙凿毛，经清除碎渣、杂物后用水泥砂浆填塞；对混凝土或钢筋混凝土挡墙的裂缝，可用环氧树脂黏合，也可用混凝土黏结剂涂抹缝壁，然后用混凝土或水泥砂浆填塞。

对倾斜、鼓肚、滑动或下沉的挡土墙，可选用以下加固方法：

(1)锚固法。适用于水泥混凝土或钢筋混凝土挡墙。此法用高强钢筋作锚杆，穿入钻好的孔内，灌入水泥砂浆，将锚杆固定，待砂浆达到一定强度后对锚杆张拉，并固紧锚头，以此来分担土压力，如图1.1.3所示。

(2)套墙加固法。用钢筋混凝土在原墙外侧加宽基础，加厚墙身，如图1.1.4所示。

(3)增建支撑墙加固。在挡墙外，增建支撑墙，其基础埋置深度、尺寸和间距，应通过计算确定。

(4)如挡墙损坏严重，必要时也可将损坏部分拆除重建，但须注意新旧墙的不均匀沉陷，在新旧墙结合处应留沉降缝，并注意新旧挡墙接头的协调。

挡土墙的泄水孔应保持通畅，如有堵塞应加以疏通；疏通困难时，应视墙后地下水情况或增设泄水孔，或加做墙后排水设施。务必不使墙后积水，否则将增大墙后土压力，甚至有挤倒、挤裂墙身的可能。挡土墙与边坡连接处,易被雨水冲成沟槽或缺口,应及时填补夯实,恢复原状。

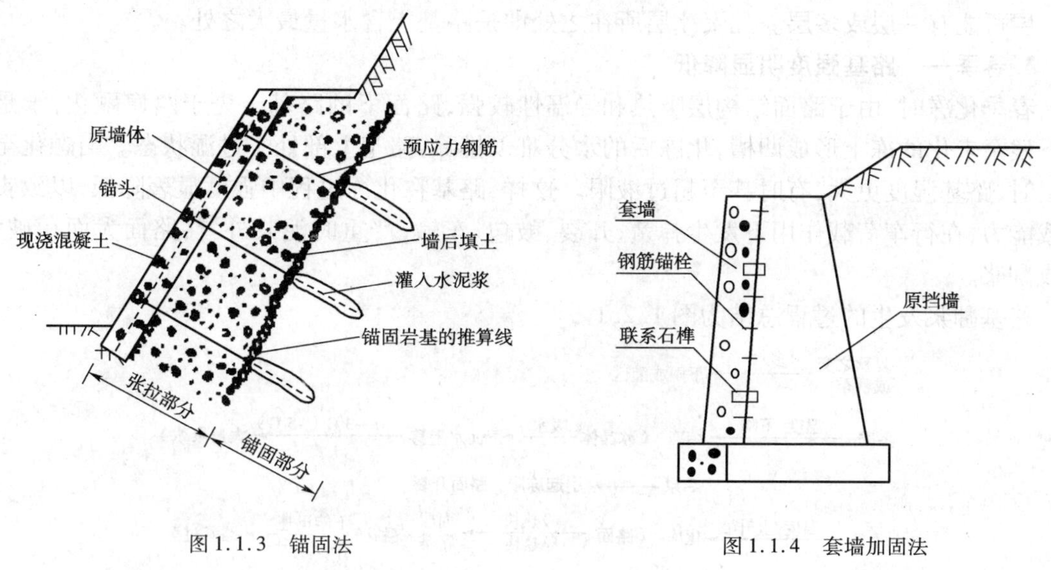

图 1.1.3　锚固法　　图 1.1.4　套墙加固法

单元 1.2　路基翻浆的防治

知识导入　公路工程是一个庞大的建筑物,受自然因素的影响比较大,特别是水的影响。路基翻浆主要发生在我国北方各省及南方季节性冰冻地区的粉性土等不良土质路基中。翻浆的发生,不仅会破坏路面,妨碍行车,严重的还会中断交通,对国民经济建设、国防战备都具有一定的危害,并增加道路养护工作。这部分内容是我们公路养护工作的主要内容。

1.2.1　路基翻浆发生的过程和产生翻浆的因素

一、路基翻浆发生的过程

1. 秋季——路基水分增多

秋季,由于降水或灌溉的影响,地面水下渗,地下水位升高,使路基水分增多,为冬季水分积聚提供了必要条件。

2. 冬季——形成聚冰层

冬季,气温下降,路基上部的土体开始冻结,此时,土孔隙内的自由水在0℃时首先冻结,形成冰晶体。当温度继续下降时,与冰晶体接触的土颗粒表面的薄膜水(弱结合水,在 -0.1~-10℃时冻结)受冰的结晶力的作用,移动到冰晶体上面冻结。因此,该部分土粒表面的水膜变薄,破坏了原来的吸附平衡状态,产生剩余分子引力,将吸取邻近土粒的薄膜水。同时,当水膜变薄时,薄膜水内的离子浓度增加,产生渗透压力差。在土粒分子引力和渗透压力差的共同作用下,薄膜水就从水膜较厚处向水膜较薄处移动,并逐层向下传递。在温度为 0 ~ -3℃(-5℃)条件下,当未冻区有充足的水源供给时,水分发生连续移动,就使路基上部大量聚冰。

如果冻结线在某一深度停留时间较长,水分有充分的聚积时间,当水源供给充足时,便在冻结线附近形成聚冰层。它通常只出现在路基上部的某一深度范围内,一般有 5 ~ 30 cm 厚。聚冰层可能有一层或多层。凡聚冰层所在之处即是路基土含水量最大之处。

3. 春季——路基强度明显降低

春季化冻时,由于路面结构层吸热和导温性较强,路面下的路基土先于路肩融化,于是路基下残余未化的冻土形成凹槽,化冻后的水分难以排除,路基上部处于过湿状态。当融化至聚冰层时,路基湿度更大,有时甚至超过液限。这样,路基在化冻过程中强度显著降低,以致丧失承载能力,在行车荷载作用下发生弹簧、开裂、鼓包、车辙,严重时泥浆外冒,路面大面积破坏,形成翻浆。

路基翻浆发生的过程总结为图 1.2.1。

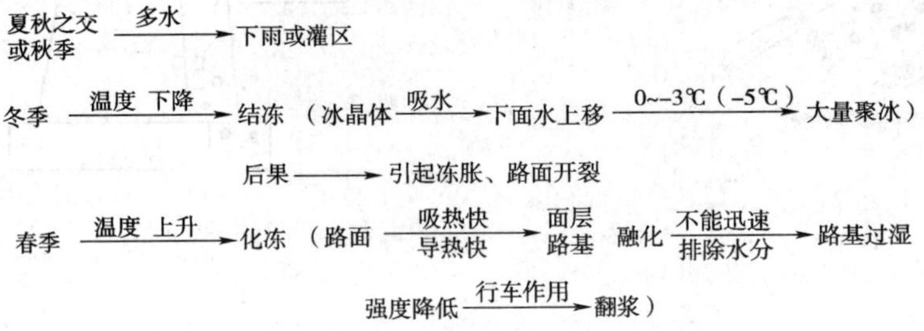

夏秋之交或秋季 —多水→ 下雨或灌区

冬季 —温度 下降→ 结冻（冰晶体 —吸水→ 下面水上移 —0~-3℃（-5℃）→ 大量聚冰）

后果 ——→ 引起冻胀、路面开裂

春季 —温度 上升→ 化冻（路面 —吸热快/导热快→ 面层/路基 融化 —不能迅速/排除水分→ 路基过湿

强度降低 —行车作用→ 翻浆）

图 1.2.1　路基翻浆发生的过程

二、产生翻浆的因素

产生公路翻浆的主要因素有:土质、温度、水、路面、行车荷载、人为因素等,其中土质、温度、水是形成翻浆的三个自然因素。

1. 土质

粉性土是最容易翻浆的土。这种土的毛细水上升较快,在负温度作用下水分聚流严重,而且土中的水分增多时强度降低幅度大而快,容易丧失稳定。黏性土的毛细水上升虽高,但上升速度慢,因此,只有在水源供给充足,并且在土基冻结速度缓慢的情况下,才能形成比较严重的翻浆。粉性土和黏性土含有大量腐殖质和易溶盐时,则更易形成翻浆。砂性土在一般情况下不会发生翻浆,这种土毛细水上升高度小,在冻结过程中水分聚流现象很轻,同时,这种土即使含有大量水分,也能保持一定的强度。

2. 温度

一定的冻结深度和一定的冷量(冬季各月负气温的总和)是形成翻浆的重要条件。在同样的冻结深度和冷量的条件下,冬季负气温作用的特点和冻结速度的大小对形成翻浆的影响也是很大的。例如,当初冻的时候气温较高或冷暖交替出现,温度在 0 ~ －3℃(－5℃)之间停留时间较长,冻结线长期停留在路面下较浅处,就会使大量水分聚流到距路面很近的地方,产生严重翻浆。反之,如冬季一开始就很冷,冻结线很快下降到距路面较深的地方,则土基上部聚冰少就不容易出现翻浆。除此之外,春天气温的特点和化冻速度对翻浆也有影响,如春季化冻时,天气骤暖,土基急速融化,则会加重翻浆的程度。

3. 水

翻浆的过程,就是水在路基土中转移、变化的过程。路基附近的地表积水及浅的地下水,能提供充足的水源,是形成翻浆的重要条件。秋雨及灌溉会使路基土的含水率增加,使地下水位增高，将会加剧翻浆的程度。

4. 路面

路面结构与类型对翻浆也有一定的影响，例如，在比较潮湿的土基上铺筑沥青路面后，由于沥青面层的透气性较差，路基土体中的水分不能通畅地从表面蒸发，使水分积聚于土基顶部与基层，导致路面失去稳定而变形，以致出现翻浆。

5. 行车荷载

公路翻浆是通过行车荷载的作用，最后形成和暴露出来的。当其他条件相同时，在翻浆季节，交通量越大，车辆轴载越重，则翻浆越为严重。

6. 人为因素

设计时对翻浆的因素考虑不周，比如路基设计高度不够、缺乏防治翻浆的措施、路面结构不当、厚度偏薄等；施工质量有问题，比如填筑方案不合理、不同土质填料混杂填筑、采用粉性土等劣质填料、分层填筑时压实度不足；养护不当，比如排水设施堵塞、路拱有反向坡、路面积水、未采取适当抢修措施等。

1.2.2 翻浆的分类和分级

路基中水分来源不同，并以不同形式存在于路基土中。为了针对各种来源的水分所引起的翻浆，采取相应的措施进行根治，所以有必要把翻浆按水分的存在形式进行分类，如表1.2.1 所示。

翻浆分类表 表 1.2.1

序号	翻浆类型	导致翻浆的水分来源
1	地下水类	受地下水的影响，土基经常潮湿，导致翻浆。地下水包括上层滞水、潜水、层间水裂隙水、泉水、管道漏水等。潜水多见于平原区，层间水、裂隙水、泉水多见于山区
2	地面水类	受地面水的影响，使土基潮湿，导致翻浆。地面水主要指季节性积水，也包括路基、路面排水不良而造成路旁积水和路面渗水
3	土体水类	因施工遇雨或用过湿的土填筑路堤，造成土基原始含水率过大，在负温度作用下使上部含水量显著增加，导致翻浆
4	气态水类	在冬季强烈温差作用下，土中水主要以气态形式向上运动，聚积于土基顶部和路面结构层内，导致翻浆
5	混合水类	受地下水、地面水、土体水、气态水等两种以上水类综合作用产生的翻浆。此类翻浆需要根据水源主次定名，如地下水地面水类等

根据翻浆高峰时期路面变形破坏程度，将翻浆路段分为三级，如表 1.2.2 所示。

翻浆分级表 表 1.2.2

翻浆等级	路面变形破坏程度
轻型	路面龟裂、湿润，车辆行驶时有轻微弹簧
中型	大片裂纹，路面松散，局部鼓包，车辙较浅
重型	严重变形，翻浆冒泥，车辙很深

1.2.3 翻浆的防治措施

防治翻浆的基本途径是:防止地下水、地面水或其他水分在冻结前或冻结过程中进入路基上部;在化冻期,可将聚冰层中的水分及时排除或暂时蓄积在透水性好的路面结构层中;改善土基及路面结构;采用综合措施防治。

一、做好路基排水,提高路基

良好的路基排水可以防止地面水或地下水浸入路基,使路基土体保持干燥,从而减轻冻结时水分聚流的来源,这是预防和处理地面水类和地下水类翻浆的首要措施。

提高路基是一种效果显著、简便易行、比较经济的常用措施。增大路基边缘至地下水或地面水位间的距离,使路基上部土层保持干燥,在冻结过程中不致因过分聚冰而失稳。提高路基的措施适用于取土方便的路段,并宜采用透水性良好的土填筑路基。路线通过农田地区,为了少占耕地,应与路面设计综合考虑,以确定合理的填土高度。在重冰冻地区及粉性土地段,在提高路基时还要与其他措施,如砂垫层、石灰土等配合使用。

二、铺设隔离层

隔离层设在路基顶面下 0.5 ~ 0.8m 处,其目的在于阻断毛细水上升通道,保持上部土体干燥,防止翻浆发生。地下水位或地面积水位较高,又不宜提高路基时,可铺设隔离层。隔离层按使用材料分为透水隔离层和不透水隔离层两类。

1. 透水隔离层

透水性隔离层采用碎石、砾石、粗砂或炉渣等做成,其厚度一般为 10 ~ 20cm。为了防止淤塞,应在隔离层上面和下面铺设厚 1 ~ 2cm 的泥炭、草皮或炉渣、石屑、针刺无纺布等透水性材料作为防淤层。隔离层底部应高出地面水 20cm 以上,并向路基两侧做成 3% ~ 4% 的横坡(图 1.2.2)。和边坡接头的地方,要用大块碎砾石铺进 50cm。

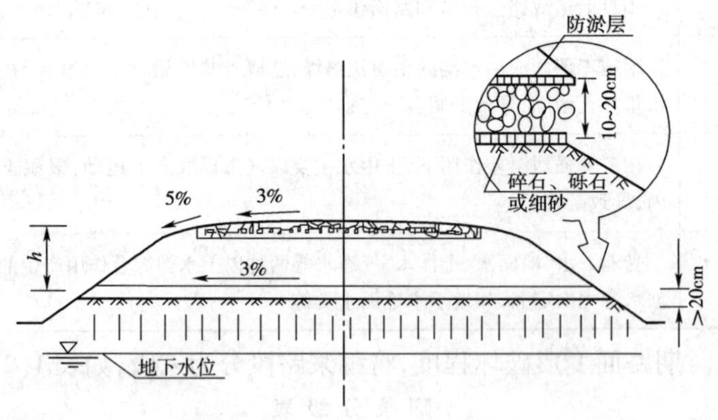

图 1.2.2 透水隔离层

2. 不透水隔离层

不透水隔离层分为不封闭式和封闭式两种。不封闭式隔离层适用于一般路段,用以隔断毛细水,如图 1.2.3 所示。封闭式隔离层适用地面排水有困难或者地下水位高的路段,用以隔断毛细水和横向渗水,如图 1.2.4 所示。

隔离层的适用条件及注意事项：

(1)隔离层对新旧路线翻浆均可采用，特别适用于新线；

(2)不透水隔离层适用于不透水路基中，在透水路面下只能设透水隔离层。

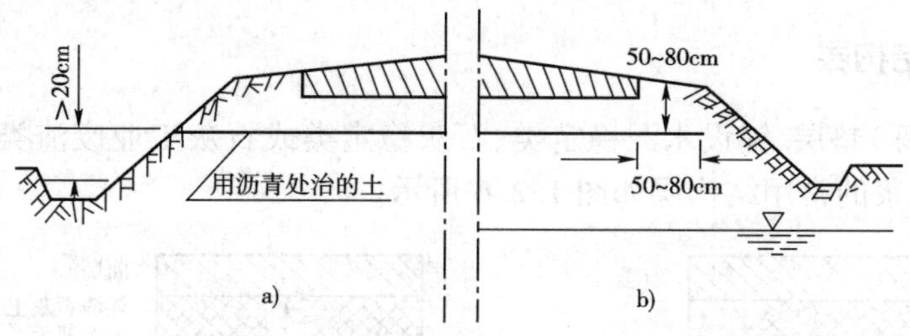

图 1.2.3　不透水隔离层(不封闭式)

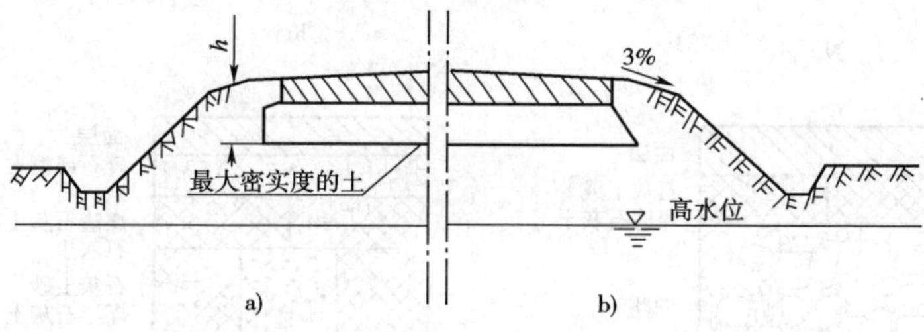

图 1.2.4　不透水隔离层(封闭式)

三、设置路肩盲沟或渗沟

1. 路肩盲沟

为及时排除春融期间路基中的自由水，达到疏干路基上部土体的目的，可在路肩上设置横向盲沟。路肩盲沟适合于路基土透水性较好的地下水类翻浆路段。

2. 排水渗沟

为了降低路基的地下水位，可在边沟下设置盲沟或有管渗沟。为了拦截并排除流向路基的层间水，可采用截水渗沟，如图 1.2.5 所示。

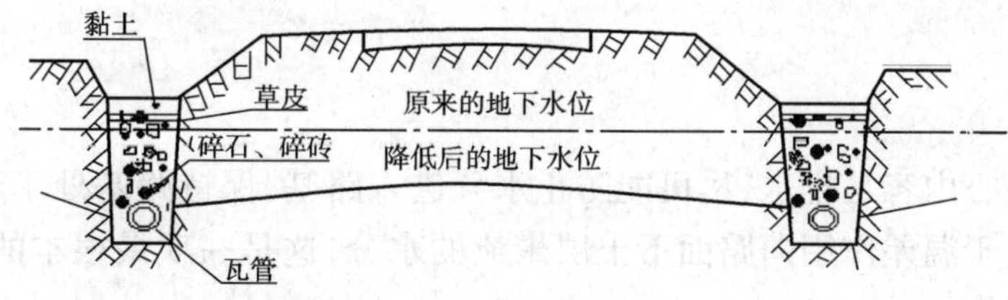

图 1.2.5　管式排水渗沟降低地下水位

四、换土

对因土质不良造成翻浆的路段，可在路基上部换填水稳性好、冰冻稳定性好、强度高的粗颗粒土，以提高土的强度和稳定性。

一般可根据地区情况、道路等级、行车要求、换填材料等因素确定换土厚度。一些地区的经验认为，在路基上层换填 40 ~60cm 厚的砂性土，路基可以基本稳定。换土厚度也可以根据强度要求,按路面结构层厚度的计算方法,计算确定。用换土法治理翻浆路段,应突出抓一个"早"字,一经发现翻浆苗头,即行开挖,用较少的工作量,可以取得较好的效果。换土适合于路基高程受到限制,不能提高路基,且附近有砂性土的路段。

五、改善路面结构层

可以铺设砂(砾)垫层、铺设水泥稳定类、石灰稳定类或石灰工业废渣类基(垫)层或者设置防冻层。防治翻浆的常用结构层如图1.2.6所示。

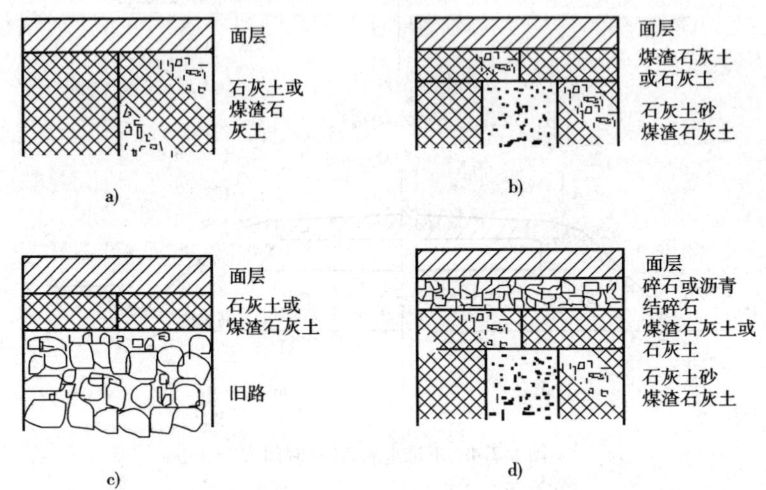

图1.2.6 防治翻浆的常用结构层

1.2.4 翻浆路段的养护

翻浆现象是一个四季都在发生变化的过程。秋季,水分开始聚积;冬季,水分在路基中重分布;春季,水分使路基上部过分潮湿;夏季,水分蒸发、下渗,路基处于干燥状态。因此,在各个季节里,应根据各自不同的现象,采取适当的养护措施,加强预防性的防治工作,以防止或减轻翻浆病害。

一、秋季养护

秋季养护的中心内容是排水,尽可能防止水分进入路基,保持路基处于干燥状态,以减少冬季冻结过程中由于温差作用向路面下土层聚流的水分,这是一项最根本的措施。所以秋季养护要做好下列工作:

(1)随时整修路面、路肩、边坡。路面应维护好路拱和平整度,如有裂纹、松散、车辙、坑槽、冲沟等病害,都应及时处理,避免积水。

(2)修整、检查地面排水设施和地下排水设施,保证排水通畅。

二、冬季养护

冬季养护的中心内容是采取措施减轻路基水分在温差作用下向路基上层聚积的程度,同时防止水分渗入路基。

三、春季养护

春季是翻浆的暴露时期，在天气转暖的情况下，翻浆发展很快，养护工作的中心内容是抢防。当路面出现斑点、松散、龟裂，表明翻浆已开始露头，对鼓包、车辙或大片裂缝，行车颠簸，路基发软等现象，应采取以下抢防措施。

(1)在两边路肩上，每隔3～5m，交错开挖横沟，沟宽一般为30～40cm，沟深按解冻情况逐渐加深，直到路面底层以下，沟的外口高于边沟沟底。

(2)路面坑洼严重的路段，除横向外，还应顺路面边缘加修纵向小盲沟或渗水井。井的大小以不超过40cm为宜，井与井的间距应根据实际情况确定，沟或渗水井的深度应至路面底层以下。

(3)如果条件许可，应尽量引导绕道行车或限制重车通过，避免因行车碾压而加剧路面破坏。

(4)在交通量较小的县乡公路上，可以用木料、树枝等做成柴排，铺在翻浆路段上。上面再铺碎石、砂土，以临时维持翻浆期间的通车，防止将路面压坏。

四、夏季养护

夏季是翻浆的恢复期，这时养护的中心内容是修复翻浆破坏的路基、路面，采取根治翻浆的措施。

单元1.3　特殊地区路基的养护

知识导入　公路是一个线状构造物，必然要经过不同地质条件的地区，在这些地区必然要采取特殊的养护对策对公路路基进行养护，以保障路基的稳定性。这部分内容是我们公路养护工作的补充内容。

1.3.1　盐渍土地区路基的养护

一、盐渍土的基本知识

当地表1m内含有容易溶解的盐类含量超过0.3%时，即属盐渍土。常见的盐有NaCl、$MgCl_2$、$CaCl_2$、Na_2SO_4、$MgSO_4$、Na_2CO_3、$NaHCO_3$(重碳酸钠)等。我国西北、东北的干旱气候地区及沿海平原地区分布着大面积的盐渍土，其含盐量通常是5%～20%，有的甚至高达60%～70%。由于土中含有易溶盐，土的物理、力学性质和筑路性质发生变化，引起许多路基病害。盐渍土在干旱季节和干旱地区，因盐类的胶结和吸湿保湿作用，有利于路基稳定。一旦受到雨水、冰雪融化的淋溶，含水率急增，则会出现湿化坍塌、融陷、路基发软，致使强度降低，丧失稳定，甚至失去承受力，容易出现下列病害：如道路泥泞；路基翻浆及冻胀病害加重；受水浸时，强度显著下降，发生沉陷；硫酸盐发生盐胀作用，土体表面层结构破坏和疏松，以致发生路面被拱裂及路肩、边坡被剥蚀等。

二、盐渍土地区路基的养护

(1)排水沟要保持0.5%~1%的纵坡;在低矮平坦、排水困难的地段,应加宽加深边沟,或在边沟外增设横向排水沟,其间距不宜大于500m,沟底应有向外倾斜2%~3%的横坡。

(2)对加深加宽边沟的弃土,可堆筑在边沟外缘,形成护堤,以保护路基不被水淹。

(3)在盐湖地区用盐晶块修筑的路基表面,原来没有覆盖层或有而失散了的,宜用砂土混合料进行覆盖和恢复。路肩出现车辙、坑凹、泥泞,应清除浮土,洒泼盐水湿润。再填补碎盐晶块整平夯实,仍用砂土混合料覆盖压实。

(4)秋冬季节或春融时期,路肩容易出现盐胀隆起,甚至翻浆,对隆起的应予铲去,使地面水及时排出。

(5)边坡经受雨水或化雪冲融后出现的沟槽、溶洞、松散等,可采用盐壳平铺或黏土掺砂砾铺上拍紧,防止疏松。

(6)防止边坡水土流失,应结合当地的植物生长情况,种植一些耐盐性的树木或草本植物(如红杨、甘草、白茨之类)以增强边坡稳定。

(7)在过盐边坡地区,对较高等级的道路,为防止路肩吹蚀、泥泞以及防止水分从路肩部分下渗,而造成路面沉陷,其路肩可考虑采用下列加固措施:

①用粗粒渗水材料掺在当地土内封闭路肩表层;

②用沥青材料封闭路肩;

③就地取材,用15cm厚的盐壳加固。

(8)对硫酸盐渍土路基,为处治边坡疏松、风蚀和人畜踩踏而造成的破坏,可根据需要和可能,采取用卵石、砾石、黏土或盐壳平铺在路堤边坡上等措施。

1.3.2 多年冻土地区路基的养护

一、多年冻土的基本知识

在兴安岭和青藏高原的高寒地区分布有成片的多年冻土,天山、阿尔泰山及祁连山等地也有零星分布。在年平均气温低于0℃的条件下,地下形成一层能长期保持冻结状态的土,这种土叫多年冻土。低温地带的多年冻土往往含有大量水分或夹有冰层,并有一些不良的物理地质现象,易引起的路基病害主要有:路堑边坡坍塌;路基底发生不均匀沉陷;由于水分向路基上部集聚而引起冻胀、翻浆;路基底的冰丘、冰堆往往使路基鼓胀,引起路基、路面的开裂与变形,而融解后,又发生不均匀沉陷。

二、多年冻土地区路基的养护

(1)防雪设施应维护原状态,对倒毁残损的设施,应修理加固或补充,使其发挥防雪作用。

(2)多年冻土地区,地面水无法下渗,容易形成地表潮湿或积水,宜将积水引向路基以外排出,避免危害路基。

(3) 疏浚边沟、排水沟,要防止破坏冻层。若导致冻土融化,将产生边坡坍塌。养路用土或砂石材料,不宜在路堤坡脚或路堑坡顶20m以内采掘,防止破坏冰土,影响路基稳定。采集时,应分点采集。

(4)治理冰冻一般用下列方法：

①将路基上侧的泉水、夹层、透水层的渗水，从保温暗沟导流出路外。如含水层尚有不冻结的下层含水层，可将上层水导入下层含水层中排除。

②提高溪旁路基的高度，使其高于延流冰面50cm以上。延流冰是指在寒冷气候条件下，地下水或地面水漫溢到地面或路面上，自下而上逐层冻结，形成延流冰，东北地区常称为“冰湖”。因受地形或纵坡限制，不能提高路基时，可在临水一侧路外缘点，或在路侧溪流初结冰后，从中凿开一道沟，用树枝杂草覆盖加铺土或雪保温，使水流沿水沟流动，避免溢流上路。也可将溪流改至远离公路的地方通过。

③在多年冻土区，可在公路上侧远处开挖与路线相平行的深沟，以截断活动层泉流。在冬季使延流冰聚集在公路较远处，保障公路不受延流冰的影响。

④根据延流冰的数量，在公路外侧修筑储水池，使延流冰不上公路。

⑤多年冻土地区的路基养护，应采取“保护冻土”的原则。做到宜填不宜挖，除满足不同地区、气候水文、土壤等路基填筑的最小高度外，另加50cm的保护层。路基填方高度不宜小于1m。

1.3.3 泥沼、软土地区路基的养护

一、泥沼、软土的基本知识

我国东北的大小兴安岭、长白山、三江平原、松辽平原等地及青藏高原和西北地区的湖盆洼地、高寒山地均分布有泥沼；在内陆湖塘盆地、江河湖海沿岸和山河洼地则分布有近代沉积的软土。泥沼、软土地带的路基，多因地面低洼，降水充足，地下水位高，含水饱和，透水性小，压缩性大，抗剪强度低，在填土荷载和行车荷载下，容易出现沉降、冰冻膨胀、弹簧、沉陷、滑动、基底向两侧挤出淤泥等病害。

二、泥沼、软土地区路基的养护

1. 置换法

对软土路基沉降等病害可采用换填土层法，即将路基一定深度范围的湿软土层挖去，换以强度较大的砂、碎(砾)石、灰土或素土，以及其他性能稳定、无侵蚀性的土类，并予以压实，填至路基高程。

2. 反压护道法

反压护道是在路堤一侧或两侧填筑一定宽度和高度的护道，运用力学平衡原理，平衡路堤自重作用产生的滑动力矩，以提高路基的稳定性，如图1.3.1所示。

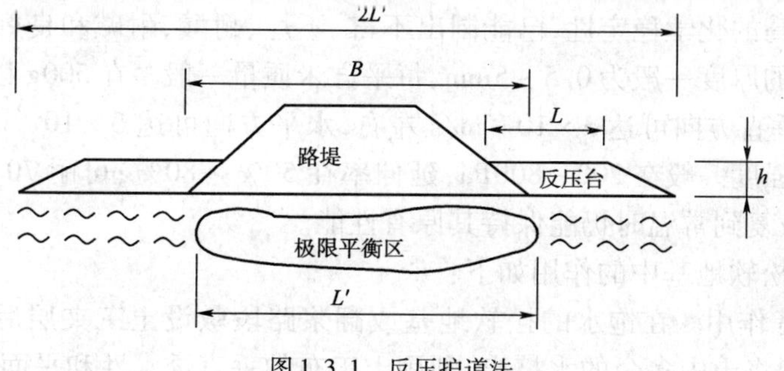

图1.3.1 反压护道法

反压护道一般采用单级形式。由于反压护道本身的高度不能超过极限高度，所以反压护道用于路堤高度不大于极限高度5/3倍的情况，单级反压护道的高度宜采用路堤高度的1/3～1/2，宽度应通过稳定性计算确定，且应注意满足路堤完工后的沉降要求。

反压护道虽说简易，但占地过多，在路堤填料来源紧张的地段也难以应用。况且，反压护道只能解决软土地基上路堤的稳定问题，对于沉降问题非但无益，往往还加大沉降量。

3. 挤密法

在软土路基中采取冲击或振动等方法形成一定直径的钻孔，在孔中灌以砂、石、灰土或石灰等材料，捣实形成直径较大的桩体，利用横向挤紧作用，使路基土粒彼此靠紧，孔隙减少，而且孔被填满和压紧，形成桩体。桩体具有较高的承载能力，群桩的面积约占松散土加固面积的20%，以致桩和原土组成复合地基，达到加固的作用。

砂桩与石灰桩的布置与尺寸如下。

(1)砂桩：一般砂桩直径为20～30cm，桩的间距为桩径的3～5倍，桩长一般直通地下水位，按等距离梅花形布置，纵横方向均小少于3排，顶部应设有砂砾垫层，厚30～40cm，连成一片，砂桩灌填材料为中砂、粗砂，含泥量不大于3%，灌砂必须分层夯实。

(2)生石灰桩：其布置及尺寸与砂桩相同，孔中以生石灰掺粗砂(混合体积比为1:1～2:1)灌入，分层夯实，桩顶用黏土夯实封闭。石灰桩施工的基本要求，一是生石灰必须密封储存，最好选用新鲜块灰；二是灰块必须粉碎至一定要求。

4. 抛石挤淤法

当泥沼及软土厚度小于3.0m，表面无硬壳，呈流动状态，排水困难，采集石料方便时，可采用抛石挤淤。片石，应采用不易风化的大石块，其粒径尺寸一般不宜小于0.30m。

5. 化学加固法

利用化学溶液或胶结剂采用压力灌注或搅拌混合等措施，使土颗粒胶结起来，达到对土基加固的目的。常用化学溶液和胶结剂如下：

(1)以水玻璃溶液为主的浆液，其配方较多，常用的是水玻璃浆液和氯化钙浆液配合使用，但价格较贵。

(2)以丙烯酸氨为主的浆液，我国研制的丙强是其中一种，但价格较贵。

(3)水泥浆液，由强度等级高的硅酸盐水泥，配以速凝剂而组成的常用浆液，使用较多。

(4)以纸浆溶液为主的浆液，如重铬酸盐木质素和木铵，加固效果好，但有毒性，易污染地下水。

6. 土工布法

土工布在高压下具有较大的孔隙率，透水性能好，有优越的垂直、水平排水能力，有很高的抗拉强度及隔水作用，能提高路基整体强度，重新分布土基压力，增强路基稳定性。目前，由于合成纤维已具有较高的化学稳定性，已能制出不霉、不烂、耐酸、耐碱和良好耐热、抗冻性能好的土工布。土工布的厚度一般为0.5～5mm，每平方米质量一般多在500g以下；孔隙率有的可达90%，透水性在垂直方向可达3×10^{-3}m/s左右，水平方向可达6×10^{-3}m/s；抗拉强度可达200～250kPa，破坏强度一般在200～800Pa，延伸率在50%～80%；可耐70～240℃的高温，在-70℃时不破损，恢复到常温时仍能保持其原有性能。

土工布在加强松软地基中的作用如下：

(1)透水与过滤作用。在饱水的松软地基或翻浆路段敷设土工夹层后，在上部填土及行车荷载的作用下，可将土中多余的水挤出，利用土工布的垂直透水性和平面透水性沿设计的底坡迅速排出。又由于土工布的过滤作用,在促使饱水土基迅速排水的同时,可以阻止细粒土随水通过,使土体保持稳定,加速固结过程,减小土的孔隙比,使土基趋于密实,以提高土的内摩擦角和内聚力。

(2)分隔与补强作用。在饱水的松软地基上填筑路基时,为增强地基的承载力,防止毛细水对土基强度的影响,一般多采用水稳性好的碎石、砾石、砂砾等透水性集料作基层的铺筑料。在填料自重和行车荷载的作用下,总有相当部分的集料陷进下面的淤泥软土之中,不仅集料起不到增强地基承载力的作用,而且使材料的用量增大。在地基与填实之间敷设土工布夹层后,既可有效地防止集料下陷,又可阻止淤泥软土在荷载作用下上翻,在土工布夹层的约束下,能促使集料对土基发挥应有的补强作用。

7. 塑料排水板法

塑料排水板是一种利用塑料板排水,以达到加固软土地基和防止公路翻浆等的新型材料。塑料排水板法,可以代替常用的砂井法。应用插板机将塑料排水板插入土中,然后在上面加载预压,土中水即可沿塑料通道溢出,地基得以加固。排水板具有一定的强度和延伸度,适应地基变形的能力强,材料截面尺寸不大,插放时对路基扰动小,并能保持排水板条竖立,施工效率高,材料质量轻,运输方便,插板质量也容易控制和检查。

实战演练

【实训项目】

路基翻浆的防治与养护方法

【实训要求】

通过对路基翻浆路段的实地调查,现场分析翻浆产生的原因和影响因素,确定相应的防治与养护方法,让学生熟练掌握相应的防治与养护对策。

【实训准备】

1. 场地选择:征求有关上级主管部门同意,选择一段已经出现翻浆病害的沥青路面,进行调查,实地分析并提出养护对策。

2. 实训器材:照相机、钢笔、铅笔、记录本、实训报告等。

【实训内容】

1. 翻浆病害照片一组,并附注翻浆等级、翻浆原因。

2. 已经采取的养护措施照片一组,并附注养护效果说明。

3. 计划采取养护措施的确定与分析。

【实训报告】

依据现场调查及分析,每位学生提交一份路基翻浆养护技术报告,并提供初步设计。

学习情境2

沥青路面养护维修

情境导入

沥青路面在使用过程中,在行车荷载和自然因素的反复作用下,路面将产生各种各样的破损。路面的破损对车辆的行驶速度、承载能力、机械磨损、燃油消耗、行车舒适性、交通安全以及环境保护会造成较大的影响,因此,路面的养护维修成为保证其服务质量和使用寿命的重要手段。在进行沥青路面养护维修前,首先应该进行路面状况调查和使用品质评价,然后确定采用哪种养护维修方法。不同的破损类型对应不同的养护维修方法,在进行维修前还要对施工单位招标,确定了施工单位后,施工单位就可以进场维修了。

学习目标

【知识目标】 完成本学习情境的学习,学生能够熟悉沥青路面状况调查方法和使用品质评价方法;掌握沥青路面各种破损产生的原因及其养护维修方法。

【能力目标】 学生能够进行路况调查及其表格的填写,能够进行使用品质评价;熟练地判断出破损类型;熟练说出不同类型的破损对应的养护维修方法,并且能熟练说出这种方法的具体施工工艺。

单元2.1 路况调查及评价

知识导入 前所未有的公路建设速度、庞大的建设规模,以及日新月异的公路网,对广大公路工作者而言,既是难得的机遇,又是巨大的挑战。猝不及防的沥青路面损坏、日益严重的各种病害、坏了修而修了又坏……这一切都在困扰着公路管理者、建设者和使用者。路该怎么修?刚修好的路怎么这么快又坏了?带着这些疑问,开始我们的学习吧!

2.1.1 沥青路面的损坏类型

沥青路面的损坏分11类21项,如表2.1.1所示。

沥青路面破损分类分级 表2.1.1

破损类型		分级	外观描述	计量单位
1	龟裂	轻	初期,缝细、无散落,裂区无变形,主要缝宽≤2mm,块度在0.2~0.5m之间	m^2
2		中	发展期,裂块明显,轻度散落或轻度变形,缝宽2~5mm,裂缝块度小于0.2m	m^2
3		重	裂块较小,散落重,变形明显,主要缝宽>5mm,大部分裂缝块度小于0.2 m	m^2
4	块状	轻	缝细,无散落,裂缝宽度在3mm以内,大部分裂缝裂块大于1.0m	m^2
5		重	缝宽,散落,裂缝宽度在3mm以上,主要裂缝裂块0.5~1.0m之间	m^2
6	纵裂	轻	缝细,裂缝壁无散落或轻微散落,无或少支缝,缝宽≤3mm	m
7		重	缝宽,缝壁有散落、有支缝,主要裂缝宽度大于3mm	m
8	横裂	轻	缝细,缝壁无散落或轻微散落,缝宽≤3mm	m
9		重	缝宽,裂缝贯通整个路面、缝壁有散落,少支缝,缝宽>3mm	m
10	坑槽	轻	坑浅,有效坑槽面积在$0.1m^2$以内(约0.3m×0.3m)	m^2
11		重	坑深,有效坑槽面积大于$0.1m^2$(约0.3m×0.3m)	m^2
12	松散	轻	细集料散失,脱皮、麻面等表面损坏	m^2
13		重	粗集料散失,脱皮、麻面、露骨、表面剥落、有小坑洞	m^2
14	沉陷	轻	大于10mm的路面局部下沉,深度在10~25mm之间	m^2
15		重	大于10mm的路面局部下沉,深度大于25mm,正常行车有明显感觉	m^2
16	车辙	轻	凹槽较浅,深度在10~15mm之间	m
17		重	凹槽较深,深度在15mm以上	m
18	波浪拥包	轻	波峰波谷高差小,高差在10~25mm之间	m^2
19		重	波峰波谷高差大,高差大于25mm	m^2
20	泛油		路面沥青被挤出或表面被沥青膜覆盖形成发亮的薄油层	m^2
21	修补		龟裂、坑槽、松散、沉陷、车辙等的修补面积或修补影响面积	m^2

相关链接 上面的分类是最新的,是根据交通部2008年2月1日开始实施的《公路技术状况评定标准》(JTG H20—2007)中的规定,同时参考现行的《公路沥青路面养护技术规范》(JTJ 073.2—2001)完成的。

2.1.2 路面状况调查

路面调查是运用各种仪器设备对路面状况进行检测，并据以评定路面的使用功能，确定养护工程的类别和工程量的大小，为进行养护工程设计、制订养护生产计划和养护处治方案提供依据，并为建立路面管理系统积累数据，以便进行科学的管理。

调查的形式主要有定期调查和随时调查。定期调查每年一次，在调查前除掌握路况检查资料外，应结合参考路面技术档案以及设计、施工时的资料进行综合判断。对于自然条件、路面结构、交通条件相类同的路段，可选定其中有代表性的一段进行调查。当路面发生异常现象时，应随时进行调查，其调查内容和方法，视其现状而定，以便采取相应措施。

调查的内容主要包括：路面损坏状况、路面平整度、车辙、路面抗滑能力、路面结构强度等五项指标，一般以 1000m 路段为基本检测或调查单元，按上行方向和下行方向分别进行，二、三、四级路可不分上下行。

(1)路面损坏状况的检测，一般采用自动化的快速检测方法，纵向连续检测，横向检测宽度不得小于车道宽度的 70%。检测设备应该能够分辨 1mm 以上的路面裂缝，检测结果采用计算机自动识别，识别准确率应该达到 90% 以上。条件不具备时可以采用人工检测的方法，调查范围应该包括所有行车道，按表 2.1.1 规定的损坏类型实地调查，调查及汇总表式样如表 2.1.2 所示。不规则形状的损坏面积计算时先按当量面积计算，然后根据破损程度乘上系数确定，按 100m 一段设定，每张表按一个路段的实测记录。对于单条裂缝，损坏面积按裂缝长度乘以 0.2m 计算；车辙的损坏面积按长度乘以 0.4m 计算，对于车辙、拥包、波浪、坑槽、沉陷等可用 3m 直尺测量最大垂直变形以确定严重程度。

(2)路面平整度的检测一般采用车载式检测设备快速检测，小范围的抽样调查可以采用连续式平整度仪或 3m 直尺检测。

(3)路面车辙的检测采用快速检测设备，结合路面损坏和平整度一并检测。

(4)路面抗滑能力的调查指标为横向力系数(SFC)和摆值(BPN)。调查设备可以采用横向力测定车和摆式仪。

(5)路面结构强度的检测一般采用自动弯沉仪或落锤式弯沉仪进行检测，检测结果应该能换算成我国相关技术规范规定的回弹弯沉值。

路面调查的频率如表 2.1.3 的规定。

沥青路面损坏调查表　　　　表 2.1.2

路线名称：	调查方向：			调查时间：　调查人员：										
调 查 内 容	程度	权重 w_i	单位	起点桩号：　终点桩号： 路段长度：　路面宽度：										累计损坏
				1	2	3	4	5	6	7	8	9	10	
龟裂	轻	0.6	m^2											
	中	0.8												
	重	1.0												
块状裂缝	轻	0.6	m^2											
	重	0.8												

续上表

路线名称：		调查方向：		调查时间：					调查人员：					
调查内容	程度	权重 w_i	单位	起点桩号： 路段长度：					终点桩号： 路面宽度：					累计损坏
				1	2	3	4	5	6	7	8	9	10	
纵向裂缝	轻	0.6	m^2											
	重	1.0												
横向裂缝	轻	0.6	m^2											
	重	1.0												
坑槽	轻	0.8	m^2											
	重	1.0												
松散	轻	0.6	m^2											
	重	1.0												
沉陷	轻	0.6	m^2											
	重	1.0												
车辙	轻	0.6	m											
	重	1.0												
波浪拥包	轻	0.6	m^2											
	重	1.0												
泛油	—	0.2	m^2											
修补	—	0.1	m^2											

评定结果：

DR =　　%

PCI =

计算方法：

$$PCI = 100 - a_0 DR^{a_1}$$

$$DR = 100 \times \frac{\sum_{i=0}^{i_0} w_i A_i}{A}$$

$a_0 = 15.00$

$a_1 = 0.412$

路面调查频率　　表 2.1.3

公路等级	评价指标				
	损坏(PCI)	平整度(RQI)	抗滑(SRI)	车辙(RDI)	结构强度(PSSI)
高速、一级公路	1年1次	2年1次	1年1次	抽样检测	
二、三、四级公路	1年1次				

2.1.3 公路技术状况评价

公路技术状况评价包括路面、路基、桥隧构造物和沿线设施四部分，用公路技术状况指数 MQI(Maintenance Quality Indicator)和相应的分项指标表示，如图 2.1.1 所示。

公路技术状况分优、良、中、次、差五个等级，等级划分按表 2.1.4 确定。

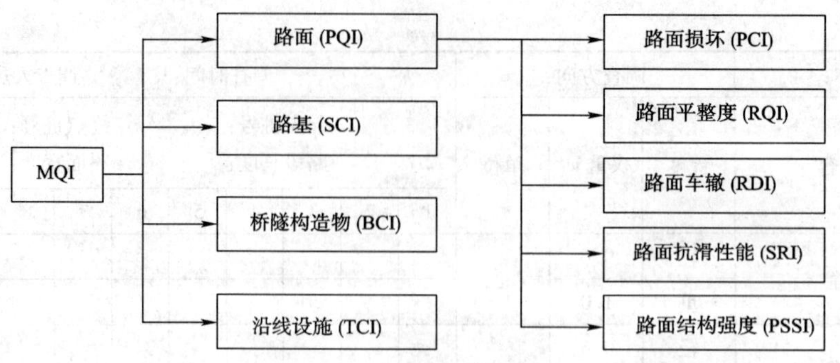

图 2.1.1 公路技术状况评价指标

公路技术状况评定标准 表 2.1.4

评价等级	优	良	中	次	差
MQI 及各级分项指标	≥90	≥80，<90	≥70，<80	≥60，<70	<60

公路技术状况指数 MQI 按式(2.1.1)计算：

$$MQI = 0.70PQI + 0.08SCI + 0.12BCI + 0.10TCI \tag{2.1.1}$$

其中路面使用性能 RQI 按式(2.1.2)计算：

$$PQI = 0.35PCI + 0.40RQI + 0.15RDI + 0.10SRI \tag{2.1.2}$$

式(2.1.2)适用于高速公路和一级公路，其他等级公路查阅《公路技术状况评定标准》。

公路技术状况评定以 1000m 路段长度为基本评定单元。

一、路面损坏

路面损坏用路面损坏状况指数(PCI)评价。PCI 按式(2.1.3)、式(2.1.4)计算。

$$PCI = 100 - a_0 DR^{a_1} \tag{2.1.3}$$

$$DR = 100 \times \frac{\sum_{i=1}^{i_0} w_i A_i}{A} \tag{2.1.4}$$

式中：DR——路面破损率(Pavement Distress Ratio)，是各种损坏的折合损坏面积之和与路面调查面积之百分比(%)；

A_i——第 i 类路面损坏的面积(m^2)；

A——调查的路面面积(调查长度与有效路面宽度之积，m^2)；

w_i——第 i 类路面损坏的权重，沥青路面按表 2.1.2 取值；

a_0——沥青路面采用 15.00，水泥混凝土路面采用 10.66；

a_1——沥青路面采用 0.412，水泥混凝土路面采用 0.461；

i——考虑损坏程度(轻、中、重)的第 i 类路面损坏类型；

i_0——包含损坏程度(轻、中、重)的损坏类型总数，沥青路面取 21。

二、路面平整度

路面平整度用路面行驶质量指数(RQI)评价，按式(2.1.5)计算。

$$RQI = \frac{100}{1 + a_0 e^{a_1 IRI}} \tag{2.1.5}$$

式中：IRI——国际平整度指数(International Roughness Index，m/km)；

a_0——高速公路和一级公路采用0.026,其他等级公路采用0.0185;

a_1——高速公路和一级公路采用0.65,其他等级公路采用0.58。

三、路面车辙

路面车辙用路面车辙深度指数(RDI)评价,按式(2.1.6)计算。

$$RDI=\begin{cases}100-a_0RD & (RD\leqslant RD_a)\\ 60-a_1(RD-RD_a) & (RD_a<RD\leqslant RD_b)\\ 0 & (RD>RD_b)\end{cases} \tag{2.1.6}$$

式中:RD——车辙深度(Rutting Depth,mm);

RD_a——车辙深度参数,采用20mm;

RD_b——车辙深度限值,采用35mm;

a_0——模型参数,采用2.0;

a_1——模型参数,采用4.0。

四、路面抗滑性能

路面抗滑性能用路面抗滑性能指数(SRI)评价,按式(2.1.7)计算。

$$SRI=\frac{100-SRI_{min}}{1+a_0e^{a_1SFC}}+SRI_{min} \tag{2.1.7}$$

式中:SFC——横向力系数(Side-way Force Coefficient);

SRI_{min}——标定参数,采用35.0;

a_0——模型参数,采用28.6;

a_1——模型参数,采用-0.105。

五、路面结构强度

路面结构强度用路面结构强度指数(PSSI)评价,按式(2.1.8)、式(2.1.9)计算。

$$PSSI=\frac{100}{1+a_0e^{a_1SSI}} \tag{2.1.8}$$

$$SSI=\frac{l_d}{l_0} \tag{2.1.9}$$

式中:SSI——路面结构强度系数(Structure Strength Coeffcient);

l_d——路面设计弯沉(mm);

l_0——实测代表弯沉(mm);

a_0——模型参数,采用15.71;

a_1——模型参数,采用-5.19。

实战演练

【实训项目】

沥青路面损坏状况调查与评定

【实训要求】

选择一段已经出现一定变形破坏的沥青路面(1000m),进行裂缝、坑槽、松散、沉陷、车辙、波浪拥包、泛油等方面调查,并进行评定。目的在于认知、分析路面变形破坏的原因,探讨路面进行养护维修的措施和方法。要求在路面调查时分小组认真、全面地进行数据采集,并进行综合分析比较,为以后的路面建设施工提供有益的帮助。

【实训准备】

1. 场地选择:征求有关上级主管部门同意,选择一段路面已经出现变形破坏的公路,进行相关路况调查准备。

2. 实训器材:表格、铅笔、刻度尺、皮尺、照相机、摄像机、计算器等。

注:由于路况调查是一项比较复杂、考虑因素比较多的工作,因此,在实训中要做好充分的准备工作,更要注意安全。

【质量评定】

完成调查表(表2.1.2)后面的评定结果。

【实训报告】

实训结束后,每小组上交一份实训报告。

单元2.2 沥青路面裂缝养护维修

知识导入 公路养护的目的是保持路况完好,延长公路使用寿命,确保行车安全、快速、舒适、经济地运行。如果公路缺乏必要的养护,路况必然会很快下降,道路通行就必然受阻。所以,在公路建设中,必须高度重视养护工作。

2.2.1 裂缝产生的原因

一、裂缝的种类

路面裂缝是路面早期破损最常见的病害之一,它的危害在于水分从裂缝中不断地进入,使基层甚至路基软化,导致路面承载能力下降,加速路面的破坏。

相关链接 皮肤龟裂是指因皮肤干燥而引起皮肤出现小裂口的症状,部位多发生在人体最容易暴露的部位,如嘴唇、耳朵、手指、手背等。这种症状不仅在寒冷的冬天可能发生,而且在天气很炎热时也可能发生。当裂口较深时,会有血渗出来,有疼痛的感觉。如果气候干燥,要每隔几小时就在嘴唇或皮肤的龟裂处涂抹唇膏或凡士林等润肤膏,以保持皮肤的湿润。如果皮肤裂口较深,可以在患处贴一条医用胶布或创可贴,可防止局部继续失水,以利于裂口尽早愈合。如果皮肤龟裂处发生红肿或有脓形成,说明患处已经发生感染,应当去医院医治。在寒冷的冬天,要注意解决最容易暴露部位的保暖问题,尽量避免皮肤龟裂的发生。要合适地选择清洁皮肤的洗涤用品,尽量少用会使皮肤发生干燥的香皂。那么,我们走的路有裂缝了,怎么办呢?

1. 龟裂、块状裂缝

轻微龟裂的缝宽在2mm以下,多数缝距在20~50cm之间;继续发展到中期,裂缝宽度增大到 2～5mm，缝距减小到 20cm 以下；当缝宽大于 5mm 时就是较为严重的龟裂了。缝宽在 3mm 以上，而且缝距比较大，一般在 50cm 以上的就是块状裂缝了。龟裂块状裂缝通常是由于路面整体强度不足，基层软化，稳定性不良等原因引起的。沥青路面老化变脆，也会发展成这样的裂缝。如图 2.2.1 为龟裂，图 2.2.2 为块状裂缝。

图 2.2.1　龟裂

图 2.2.2　块状裂缝

2. 纵缝

纵缝是指顺着路方向出现早期行车道的纵向长条裂缝(图 2.2.3)。一种情况由于路基压实度不均匀，路面不均匀沉陷而引起的，例如发生在半填半挖处的裂缝；另一种情况是沥青面层分幅摊铺时，两幅接茬没有处理好，在行车荷载作用下，较容易形成纵缝；有的时候，车辙边缘也会有纵向裂缝。

3. 横缝

垂直于道路的纵向，横断方向有规则的裂缝。通常在温差变化较大的地区发生。夏季完好的路面到了冬季会由于路面温度下降而收缩，产生纵向近似等间距的横向裂缝，如图 2.2.4 所示。横向裂缝一般贯通整个路面宽度，纵向间距 5～30m 不等。横向裂缝可分为荷载性裂缝和非荷载性裂缝两大类，荷载性裂缝是由于路面设计不当或施工质量低劣，或由于车辆严重超载，致使沥青面层或半刚性基层内产生的拉应力超过其疲劳强度而产生裂缝；非荷载性裂缝是横向裂缝的重要形式，它有两种情况：沥青面层温度收缩性裂缝和基层反射性裂缝。

图 2.2.3　纵向裂缝

图 2.2.4　横缝

二、产生裂缝的因素

1. 沥青混合料

(1)沥青:一方面,沥青混合料的低温劲度是决定路面是否容易开裂的根本因素,沥青劲度又是决定沥青混合料劲度的关键。沥青老化越严重,劲度越大,裂缝出现越早。另一方面,沥青的温度敏感性也影响裂缝的产生,感温性大的沥青易开裂。一般情况下,含蜡量高,沥青的拉伸应变减小,脆性增加,温度敏感性变大,裂缝就容易产生。

(2)级配:矿料组成级配与开裂有一定关系,一般来说用油量偏低、矿粉含量高则易产生裂缝。

2. 基层

半刚性基层较之级配碎石,沥青稳定碎石等柔性基层,热容量小,与沥青表面层的附着黏结性能差,尤其是本身收缩的附加影响,使面层的横向裂缝增多。特别是由于我国高速公路分期修建,施工较快,有相当部分的半刚性基层养生不足,修筑后不久便开裂,这些裂缝在荷载和温度的作用下,由下层逐渐反射到表面。

3. 路面面层厚度

一般情况下,用同一种沥青混合料铺筑,厚度大的路面面层,其裂缝率要小。但采用质量好的沥青,即使铺筑较薄的路面,其横向裂缝也可能少于质量差的沥青且厚度大的路面。

4. 施工因素

优良的施工质量,特别是各结构层的压实度达到规范要求,稳定性优良,排水性能好,面层接缝处理完善等,是保证裂缝(特别是纵向裂缝和龟裂网裂)不出现的前提条件。

5. 气候交通条件

气温的升降是温度收缩性裂缝出现的条件,雨水是加速裂缝形成、扩大甚至导致路面破坏的催化剂。在行车荷载的作用下,无论什么样的裂缝,都会加速路面破坏。

2.2.2 养护维修方法

裂缝的维修应该根据产生的原因,采取相应的维修方法。

(1)如果在高温季节全部或大部分能够愈合的轻微裂缝,可以不加处理。

(2)如果在高温季节不能愈合的轻微裂缝,可以采用下列方法处治:

①将有裂缝的路段清扫干净并均匀喷洒少量沥青(在低温、潮湿季节适宜喷洒乳化沥青),再均匀撒一层2~5mm的干燥洁净石屑或粗砂,最后用轻型压路机将矿料碾压。

②沿裂缝涂刷少量稠度较低的沥青。

(3)对于缝宽在5mm以内的裂缝,维修方法如下:

①用高压空气清除缝隙中的杂物和灰尘,如图2.2.5所示。清除杂物后的效果如图2.2.6所示。

②灌缝前加热,如图2.2.7所示。

③采用稠度较低的热沥青(缝内潮湿时应采用乳化沥青)灌入缝内,灌入深度约为缝深的2/3,然后立即撒一薄层石屑或粗砂封堵、捣实,如图2.2.8所示。

④将溢出缝外面的沥青、石屑或粗砂清除干净。

(4)对于缝宽在5mm以上的裂缝,维修方法如下:

图 2.2.5　清除缝中灰尘杂物

图 2.2.6　清除杂物后的效果

图 2.2.7　给缝加热

图 2.2.8　灌缝

①把缝内的杂物、灰尘处理干净，如果有松动部分也要一起清除。

②用拌好的热拌沥青混合料填入缝中，捣实。缝内潮湿时应采用乳化沥青混合料。

(5)因沥青性能不好，或路面设计使用年限较长、油层老化等原因出现的大面积裂缝(包括网裂)，此时如基层强度尚好，通过技术经济比较，可选用下列维修方法：

①乳化沥青稀浆封层，封层厚度宜为 3 ~6mm。

②加铺沥青混合料上封层，或先铺设一层土工合成材料后喷洒沥青，再在其上加铺沥青混合料上封层。

③改性沥青薄层罩面。

④单层沥青表处。

(6)由于土基、基层强度不足或路基翻浆等引起的严重龟裂，应先处治好基层后再重作面层。

实战演练

【实训项目】

沥青混凝土路面裂缝病害调查

【实训要求】

通过对沥青混凝土路面裂缝病害的调查，选择合理的维修方法，让学生掌握不同裂缝病害的分级，熟练掌握相应的维修方法。

【实训准备】

1. 场地选择：征求有关上级主管部门同意，选择一段已经出现裂缝病害的沥青混凝土路面,进行调查。

2. 实训器材:照相机、钢笔、铅笔、皮尺、记录本、实训报告等。

【实训内容】

1. 龟裂照片一张,并附注破损等级、破损原因及对应的维修方法。

2. 纵向裂缝照片一张,并附注破损等级、破损原因及对应的维修方法。

3. 横向裂缝照片一张,并附注破损等级、破损原因及对应的维修方法。

【实训报告】

实训结束后,每小组上交一份实训报告。

单元 2.3　其他损坏的养护维修

知识导入　沥青路面的破损除了裂缝比较常见之外,还有很多的病害,例如坑槽、松散、沉陷、车辙、波浪拥包、泛油等。为了保证道路的使用寿命和提高道路服务水平,也要对它们进行及时有效的维修。

2.3.1　坑槽养护维修

坑槽是路面破坏而形成的深洼,坑槽的深度一般大于2cm。较轻的坑槽,面积在 $0.1m^2$ 以下,较重的坑槽面积一般大于 $0.1m^2$。沥青路面的坑槽往往都有一个形成过程,起初局部龟裂松散,在行车荷载和雨水等自然因素综合作用下逐步形成坑槽,如图 2.3.1 所示。

一、坑槽的类型

1. 压实不足型坑槽

一种情况是施工时混合料温度太高,使沥青老化,黏结力降低,脆性增加,导致压实度不够,黏结不牢,在行车荷载作用下,形成坑槽;另一种情况是混合料温度太低,摊铺不均匀,压实不充分,导致压实不够形成坑槽,如图 2.3.2 所示。

图 2.3.1　坑槽

图 2.3.2　压实不足型坑槽

2. 厚度不足型坑槽

路面下面层局部高程控制不严,导致沥青上面层局部厚度不够,在行车作用下,部分混合料易被“带走”,形成坑槽,如图 2.3.3 所示。

3. 水损害型坑槽

这种坑槽是沥青混凝土路面早期破坏中最常见的病害,如图 2.3.4 所示。其形成过程可归纳如下:

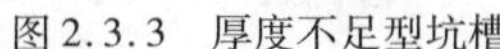
图 2.3.3　厚度不足型坑槽

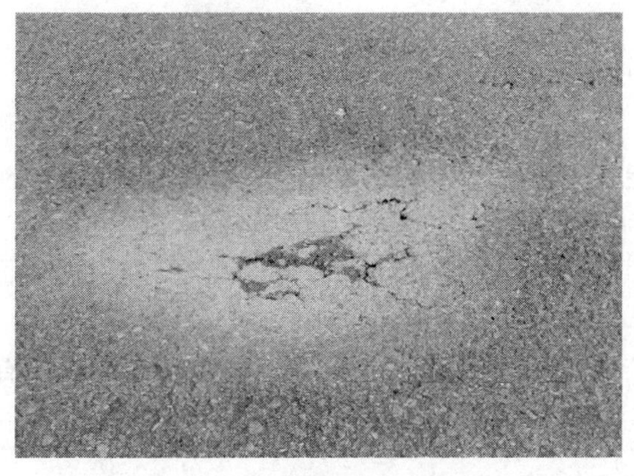

图 2.3.4　水损害型坑槽

(1)在开始阶段,水分浸入沥青与集料的界面,以水膜或水汽的形式存在,影响沥青与集料的黏附性。

(2)在反复荷载的作用下,沥青膜与集料开始剥离。

(3)渐渐地路面开始麻面、松散、掉粒。

(4)最后形成坑槽。

水损害破坏通常是从沥青面层的下面层开始的,水分进入沥青路面,滞留在基层上面,沥青下面层又往往是空隙率大的混合料,空隙中充满水,给水损害提供了条件。当集料与沥青膜剥离后,沥青混合料不再是一个整体,集料在荷载作用下,对基层产生了力的作用,使基层的局部松落形成灰浆,从路面的缝隙向上挤出来,在沥青路面上形成白色的泥浆。如此循环不断,形成水损坏型坑槽。

二、产生坑槽的因素

1. 沥青混合料

(1)沥青:沥青与集料的黏附性和抗剥离性是防止路面剥离的基本条件,所选用的沥青应具有较好的黏附性和抗老化性能。

(2)集料:沥青混合料所用的集料一般是碱性集料,它与沥青的黏附性好。如使用酸性集料,通常添加一定数量的抗剥离剂来提高沥青与集料的黏附性和抗剥离性,而这些抗剥离剂的优劣就决定着抗剥落性能。集料的吸水率大不仅影响拌和机生产能力,而且残存的水分影响施工压实度及空隙率,容易使混合料产生剥落。

(3)级配:合理设计混合料级配,尽量减少空隙率可防止或减少水分进入沥青混合料内部。由于Ⅱ型沥青混凝土水稳定性要比Ⅰ型沥青混凝土差,所以下面层应尽量使用Ⅰ型沥青混凝土。

2. 防水设计

路面排水可分为路表排水和结构排水。路表排水是指沿纵、横坡流到路基边沟,排出路基之外;结构排水是指路面结构层的排水。

(1)设置沥青面层的防水层:在沥青面层结构组合设计中,应将其中一层按密级配要求来考虑;或专门设置一层隔水层来防水,减少面层渗水。

(2)设置沥青下封层:在干净的基层表面上设置一层沥青薄膜下封层,一方面减少基层直接受到水的冲刷;另一方面形成一个光滑的界面,以利于渗入水的排除。

(3)做好硬路肩和中央分隔带排水设计。

3. 施工因素

(1)控制混合料温度,确保混合料温度在规定要求范围之内,混合料温度太高或太低绝不能施工。

(2)确保压实度达到规范要求。

(3)严格控制沥青面层的高程,确保沥青面层的厚度。

4. 气候条件

坑槽中的水损害性坑槽与气候条件直接有关,水能加速坑槽的形成,加速路面的破损。冬季过后的春融、雨季,是对沥青路面水稳定性的考验。

三、坑槽的维修

(1)路面基层完好,仅面层有坑槽时可以按下面的方法进行维修。

①常规方法修补。

a. 按照“圆洞方补,斜洞正补”的原则,画出所需修补坑槽的轮廓线。

b. 沿所画轮廓线开凿至坑底稳定部分,其深度不得小于原坑槽的最大深度。

c. 清除槽底、槽壁的松动部分及粉尘、杂物,并涂刷黏层沥青。

d. 填入沥青混合料(在潮湿或低温季节,采用乳化沥青拌制的混合料)并整平。

e. 用小型压实机具或铁质手夯将填补好的部分压实(或夯实)。新填补部分略高于原路面。如果坑槽较深(7cm 以上),应将沥青混合料分两次或三次摊铺和压实。

f. 用烙铁板将坑槽四周烙平。

②热补法修补。采用热修补养护车,用加热板加热坑槽处路面,翻松被加热软化的铺装层,喷洒乳化沥青,加入新的沥青混合料,搅拌摊铺,压路机压实成型。

热补法修补程序如下:

a. 清理病害区。先对旧面层进行观察,是否能够再生利用,对不能再生利用的旧面层料进行清除,对可再生利用的旧面层料将病害区的尘土、松散粒料、积水等杂物清扫干净,如图 2.3.5所示。

b. 加热病害区。对病害区加热,为确保作业路面无老化现象发生,调好加热时间,一般控制在 5 ~ 10min 即可,加热至 140 ~ 170℃,具体加热时间可因季节和具体环境条件不同通过加热试验后确定,如图 2.3.6 所示。

c. 耙松。移走热再生修补机后,要立即对待修补的区域进行翻松,可先用齿耙和推板的背边在病害区周围刨出一个四方形,这个四方形距病害边缘不小于 15cm,对加热区域外边缘不小于 10cm,深度 4 ~ 6cm,如图 2.3.7 所示。

d. 添加新料。如果需要添加新混合料,把新料碎成小块后填充进修补区,新料和旧料混合使用,摊铺平整,如图 2.3.8 所示。

e. 软化新料。再次把热再生修补机置于修补区之上,加热 0.5 ~ 2min,使新料得到全部软化,如图 2.3.9 所示。

图 2.3.5　清除杂物

图 2.3.6　用热再生机加热

图 2.3.7　耙松

图 2.3.8　添加新混合料

f. 压实。根据再生沥青料的氧化程度，在翻松后喷洒少许沥青再生剂或乳化沥青，新旧料混合均匀、摊平，同时将边缘散落的沥青料整平，用小型的压实设备压实即可，如图 2.3.10 所示。

图 2.3.9　软化新料

图 2.3.10　压实

(2)对交通量较小的路段在低温寒冷或阴雨连绵的季节，无法采用常规方法，也没有条件采用合适的材料修补坑槽时，为了防止坑槽面积的扩大，可以采取临时性的措施对坑槽予以处治，等天气好转后再按规范要求重新修补。

(3)若是因基层局部强度不足等使基层破坏而形成的坑槽，应先处治基层，再修复面层。

2.3.2　松散养护维修

沥青路面磨损，表面粗麻，细集料散失、脱皮、露骨，路表皮脱落或有小的坑洞等都属于松散，如图2.3.11所示。

一、麻面（图2.3.12）

（1）因嵌缝料散失出现的轻微麻面，在沥青面层不贫油时，可以在高温季节撒适当的嵌缝料，并用扫帚扫匀，使嵌缝料填充到石料空隙中。

（2）大面积麻面应该喷洒稠度较高的沥青，并撒适当粒径的嵌缝料，使麻面部分中部的嵌缝料稍稍地厚些，周围与原路面接口要稍稍地薄些，定型要整齐，最后碾压成型。

图2.3.11　松散

图2.3.12　麻面

二、松散（图2.3.13）

（1）因为沥青用量偏少或低温施工造成的沥青面层松散，应该采取下面的方法处治。

①先将路面上已经松动的矿料收集起来。

②等气温升到15℃以上时，清扫干净，按（0.8～1.0）kg/m^2 的用量喷洒沥青后，再均匀撒上3～6mm的石屑或粗砂（5～8）$m^3/1000m^2$。

③用轻型压路机压实。

图2.3.13　松散

（2）对于因为沥青油温度过高，沥青老化失去黏结性而造成的松散，应该将松散部分全部挖除后重做面层。

（3）因沥青与酸性石料间的黏附性差而造成路面松散，应该将松散部分全部挖除后，重做面层。重做面层的矿料不应该再使用酸性石料了。在缺乏碱性石料的地区，应在沥青中掺入抗剥离剂、增黏剂或使用干燥的生石灰、消石灰、水泥等表面活性物质作为填料的一部分，或采用石灰浆处理粗集料等抗剥离措施，以提高沥青与矿料的黏附力，并增加混合料的水稳性。

（4）因为基层或土基软化变形而造成的路面松散，应该先处理好基层后，再重新做面层。

三、脱皮(图 2.3.14)

图 2.3.14 脱皮

(1)由于沥青面层与上封层之间黏结不好,或初期养护不良引起的脱皮,应清除已脱落和已松动的部分,再重新做上封层,所做封层的沥青用量及矿料粒径规格应视封层的厚度而定。

(2)如沥青面层层间产生脱皮,应将脱落及松动部分清除,在下层沥青面上涂刷黏结沥青并重做沥青层。

(3)面层与基层之间因黏结不良而产生的脱皮,应先清除掉脱落、松动的面层,分析黏结不良的原因。若面层与基层间所含水分较多,应该晾晒或烘干;如果面层与基层之间有泥层,应该将泥沙清除干净,喷洒透层沥青后,重做面层。

2.3.3 车辙养护维修

车辙是行车道轮迹带上产生的纵向带状凹槽,同时两侧伴有隆起,是永久变形,如图 2.3.15 所示。

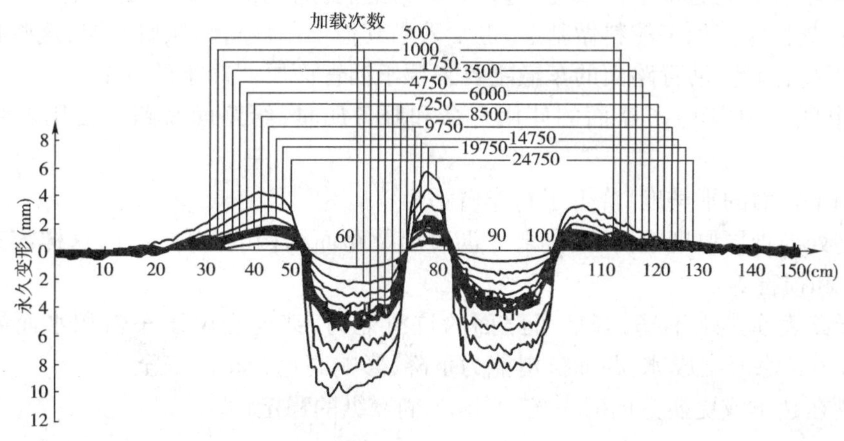

图 2.3.15 车辙示意图

图 2.3.16 失稳型车辙

一、车辙的类型

根据车辙不同的形成过程,可分为以下三大类型。

1. 失稳型车辙(图 2.3.16)

失稳型车辙是当沥青混合料的高温稳定性不足的时候,沥青路面结构层在车轮荷载作用下,内部材料因为流动而产生横向位移,通常发生在轮迹处,同时两侧沥青混凝土隆起,下面的基层没有任何变形,这也是车辙的主要类型。

2. 结构型车辙(图 2.3.17)

结构型车辙是沥青路面结构在交通荷载作用下产生的整体永久变形,这种变形主要是由于路基变形传递到路面面层产生的。

3. 磨耗型车辙(图 2.3.18)

磨耗型车辙是沥青路面结构顶层的材料在车轮磨耗和自然环境因素作用下不断地损失而形成的。汽车使用了防滑链和凸钉轮胎后,这种车辙更容易发生。

图 2.3.17　结构型车辙

图 2.3.18　磨耗型车辙

二、车辙的危害

上面三类车辙中失稳型车辙最为严重,其次为磨耗型车辙。由于我国大多数沥青路面都采用水泥或石灰粉煤灰稳定粒料做基层,也常采用其他半刚性材料做底基层,这些材料的强度和模量都相当高,因此,沥青路面的车辙主要来源于沥青面层所产生的变形。

车辙的出现,严重影响了路面的使用寿命和服务质量,给路面及路面使用者带来许多的危害。

(1)影响了路面的平整度,降低了行车舒适性。

(2)轮迹处沥青层厚度变薄了,削弱了沥青层及路面结构的整体强度,这样容易诱发各种病害,如网裂和损害等。

(3)雨天路表面排水不畅,降低了路面的抗滑能力,甚至会由于车辙积水而导致车辆漂滑;冬天车辙内存水凝结成冰,路面抗滑能力下降,影响高速行车的安全。

(4)车辆在超车或更换方向时失控,影响车辆操纵的稳定性。

三、产生车辙的因素

1. 交通荷载条件

随着公路等级的提高和渠化交通,交通量也越来越大,轮载也在越来越重,导致车辙产生的速度越来越快,而且,车辙深度随着累计荷载作用次数的增加而增加,以致道路丧失了使用性能。

2. 气候与水文地质条件

路面温度对车辙的产生有很大的影响。在寒冷地区,路面温度低,车辙出现的可能性较小;在炎热地区,沥青路面在一定气温和日照作用下,能吸收大量的热量,从而导致路面温度升高,容易产生车辙。

3. 路面结构类型

在一定厚度范围内,沥青路面的厚度越大,永久变形也越大。采用刚性基层或半刚性基层材料的沥青路面,由于基层具有很高的高温稳定性和抗剪切变形能力,因此,车辙主要产生在沥青面层内,而刚性基层和土基所产生的车辙只占很小的比例。

4. 路面材料性能与组成

沥青混合料是一种黏弹性塑性材料,它的抗变形能力取决于沥青的黏结力和矿料颗粒之间的嵌挤力。因此沥青与矿料性能以及沥青混合料的级配类型与配比组成,都直接影响到沥青路面的抗变形能力和其他路用性能。

5. 施工原因

沥青混合料在施工过程中,材料的质量控制、沥青混合料的材料与温度均匀性、各种材料用量的控制、压实温度及压实度的控制、层间的洁净度及黏结效果等都影响到沥青路面的抗车辙能力。

四、车辙的治理

(1)车道表面因车辆行驶推移而产生的车辙,应将出现车辙的面层切削或铣刨清除,然后重铺沥青面层。在高速公路及一级公路上可采用沥青玛蹄脂碎石混合料(SMA)或 SBS 改性沥青混合料,或聚乙烯改性沥青混合料来修补车辙。

(2)路面受横向推挤形成的横向波形车辙,如果已经稳定,可将凸出的部分削除,在波谷部分喷洒或涂刷黏结沥青并填补沥青混合料并找平、压实。

(3)因面层与基层间有不稳定的夹层而形成的车辙,应将面层挖除,清除夹层后,重做面层。

(4)由于基层强度不足、水稳性能不好,使基层局部下沉而造成的车辙,应先处治基层。然后重做面层。

实战演练

【实训项目】

沥青混凝土路面病害调查

【实训要求】

通过对沥青混凝土路面除裂缝外其他病害的调查,选择合理的维修方法,让学生掌握不同病害的分级,熟练掌握相应的维修方法。

【实训准备】

1. 场地选择:征求有关上级主管部门同意,选择一段已经出现不同病害的沥青混凝土路面,进行调查。

2. 实训器材:照相机、钢笔、铅笔、皮尺、记录本、实训报告等。

【实训内容】

1. 坑槽照片一张,并附注破损等级、破损原因及对应的维修方法。

2. 麻面照片一张,并附注破损等级、破损原因及对应的维修方法。

3. 脱皮照片一张,并附注破损等级、破损原因及对应的维修方法。

4. 车辙照片一张,并附注破损等级、破损原因及对应的维修方法。

【实训报告】

实训结束后,每小组上交一份实训报告。

单元 2.4　沥青路面就地热再生

知识导入　在许多情况下，沥青路面表面虽然被行车磨损，失去了应有的粗糙度；或者由于沥青混凝土混合料中含油较多，出现了并不十分严重的车辙；或者由于低温收缩，路面出现了许多裂缝，但面层材料并没有老化，而下层还仍然坚实完好，没有必要将路面面层进行大修，而只要在表面加以修整，就能恢复路面的使用性能。为此，出现了就地修复沥青路面的施工方法，它可以使原沥青路面材料全部被重新利用。

2.4.1　初识就地热再生技术

在老化的路面现场，通过特定的工艺及设备，加热旧路面面层到要求的深度（一般不超过3cm），翻松旧路面，添加再生剂，经过拌和、摊铺、碾压等工艺，老路面一次成型成为新路面，从而实现旧沥青路面性能的快速恢复。

一、就地热再生的分类

根据施工工艺的不同，就地热再生可细分为三类：表面再生、复拌再生与加铺再生。

1. 表面再生

表面再生是最基础、技术最简单的工艺，就是首先用预热机加热并软化沥青路面，然后用耙齿或铣刨滚筒翻松达一定处理厚度，按需要添加再生剂、充分拌和松散的沥青再生混合料，然后摊铺压实，如图 2.4.1 所示。

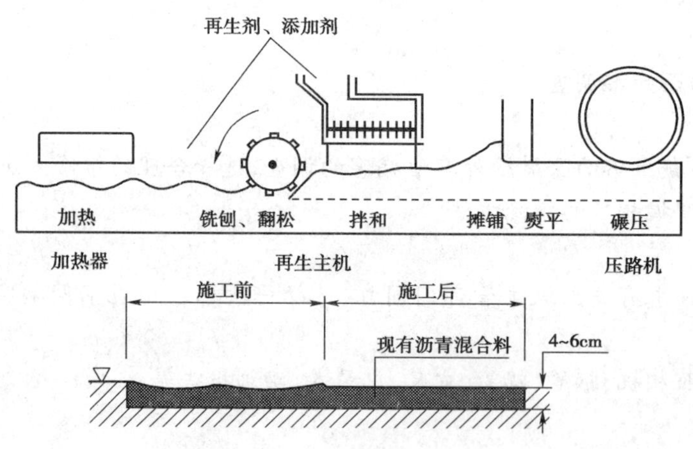

图 2.4.1　表面再生示意图

2. 复拌再生

复拌再生就是用预热机加热并软化沥青路面后，用复拌机将旧的路面铣刨或翻松，并把翻松后的材料与新沥青混合料在复拌机的搅拌器中拌和均匀，形成新品质的沥青混合料，然后摊铺到路面上，用压路机碾压成型，如图 2.4.2 所示。

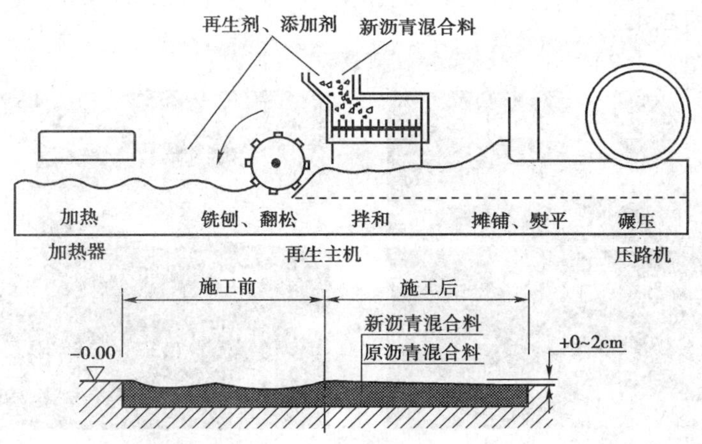

图 2.4.2　复拌再生示意图

3. 加铺再生

加铺再生就是在表面再生或复拌再生的基础上，通过再生主机再摊铺一层新的沥青混合料加铺层，最后再生层与新沥青混合料加铺层一起同时碾压，如图 2.4.3 所示。

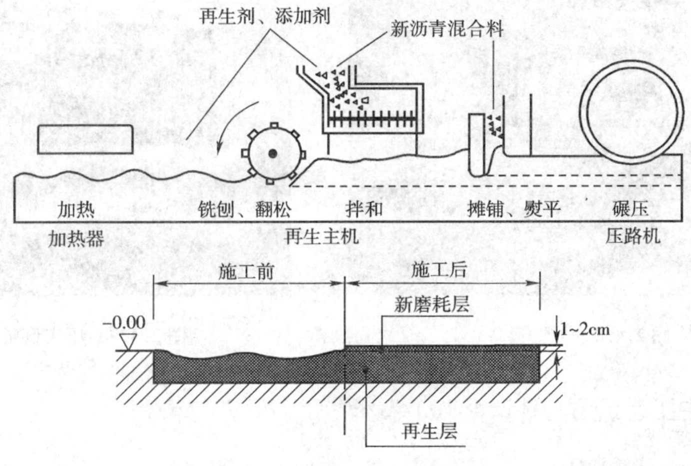

图 2.4.3　加铺再生示意图

二、就地热再生机组（图 2.4.4）

1. 加热设备（图 2.4.5）

图 2.4.4　就地热再生机组

图 2.4.5　加热设备

2. 翻松设备(图 2.4.6)

3. 拌和设备(图 2.4.7)

图 2.4.6 翻松设备

图 2.4.7 拌和设备

4. 摊铺设备(图 2.4.8)

5. 压实设备(图 2.4.9)

图 2.4.8 摊铺设备

图 2.4.9 压实设备

三、就地热再生工艺流程(图 2.4.10)

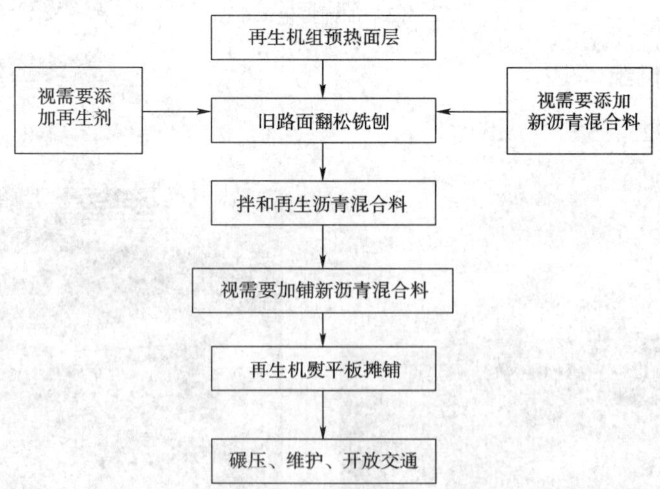

图 2.4.10 就地热再生工艺流程

2.4.2 就地热再生技术特点

一、就地热再生的技术特点

沥青路面就地热再生工艺是对旧的沥青路面就地加热、翻松、拌和、摊铺、压实，一次性将旧的沥青路面翻新成型的施工方法。一般是在路面的损坏程度还没有波及基层时采用这种再生方法，其主要特点是：

(1)旧的沥青路面混合料就地再生利用，不需要搬运废料过程及废弃物堆放场地，可减少环境污染。

(2)旧沥青路面混合料100%得到利用，可以节省新混合料的用量，工程费用降低，经济效益显著。

(3)与其他维修方法相比，施工进度快、施工周期短，可以快速开发交通。

(4)减少路面材料往返运输量，节约了运输费用，减少了工程配套车辆及其对正常道路运输的干扰。

(5)施工中产生的振动、噪声比其他施工方法小，市区可以进行夜间作业。

(6)由于使用专用机组进行连续机械化施工，此方法不适用于小型维修工程及难以确保连续机械化施工的工程。

(7)这种再生方法是以沥青路面面层为施工对象，当路面损坏波及基层以下时，原则上不适用。

(8)此方法是在现场加热旧沥青路面，施工容易受气候的影响，寒冷季节不适宜施工。

二、就地热再生施工注意事项

1. 碾压

摊铺后的沥青层要用压路机进行最终的碾压。碾压时要注意：压路机应紧跟再生机，以保证碾压时温度足够高。接缝处应首先进行碾压，因为温度高时，两种材料容易黏结。前进和后退应保持在同一个碾压带上，禁止在热混合料上转向。

2. 质量控制

再生后的最终沥青混合料路面要满足沥青路面施工技术规范的要求。需要添加新的混合料时，新料必须经过单独的检验，抽样的频率和数量应与常规施工一样。

2.4.3 工 程 实 例

一般采用就地热再生技术前，首先必须进行详细的路面调查，为材料选择和路面设计提供依据。路面调查的一般流程如图2.4.11所示。

一、路面调查

辽宁锦州大锦线凌海市境内工程，起讫桩号为K0+000～K16+600，全长16.6km，路面宽26m，在1993年、1994两年建设为两板块和三板块两种形式的城市一级出口公路。路面结构为4cm沥青贯入式+4cm沥青碎石+3cm沥青混凝土。经过路面调查发现原路面存在下列病害:车辙、表面龟裂、修补损坏、坑槽、裂缝等破损。

这些病害如果不及时进行中修养护,病害后期发展会更加迅猛。经过多次组织专家进行技术经济论证,决定采用就地热再生技术解决问题。

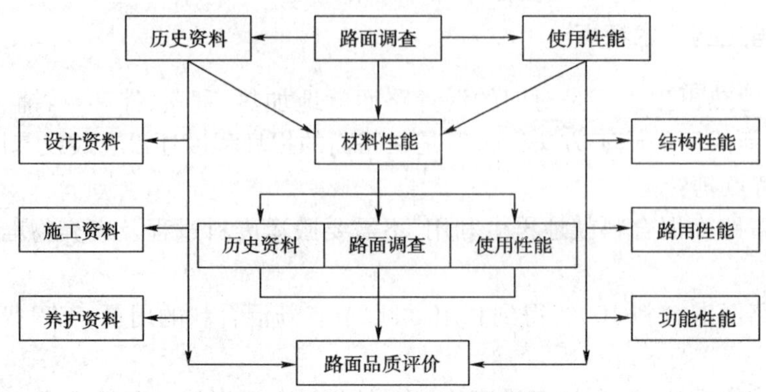

图 2.4.11　路面调查一般流程

二、技术标准

经过论证,对原路面面层采用现场 4 +1cm 热再生技术进行养护维修,即原来路面加热铣刨 4cm 后,添加 1cm 厚沥青混凝土(AC -13)重新摊铺、碾压,形成新的路面面层。

三、施工基本程序和工艺简图(图 2.4.12、图 2.4.13)

加热软化旧沥青路面 → 旧沥青路面磨耗层耙松1~6cm → 回收材料、添加新混合料、再生剂等 → 再生机内热拌和,随即摊铺再生料或罩面 → 碾压后不久即可开放交通

图 2.4.12　施工基本程序

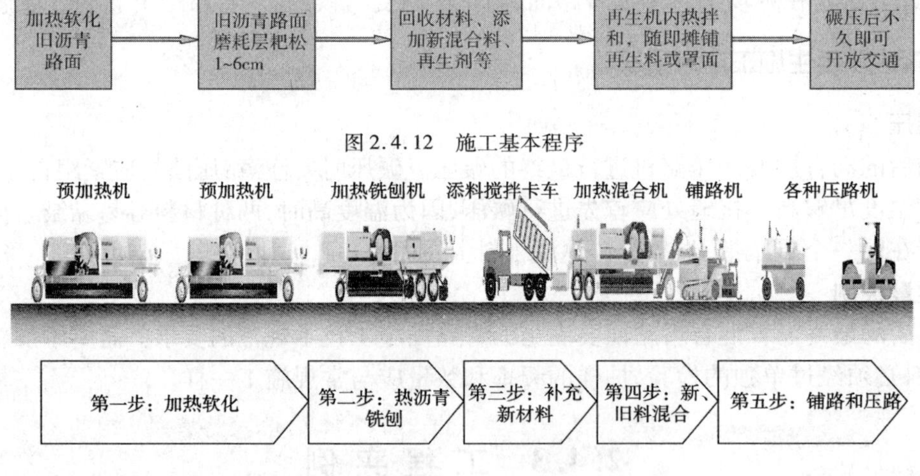

图 2.4.13　施工工艺简图

四、施工工艺要求

1. 加热

为了加热均匀,不烧焦沥青并且保证进度要求,采用二级加热形式,即由两组设备组成,一组为预加热机组,另一组为加热机组,用于沥青路面均匀加热到要求的温度。一般路表面温度不超过 180℃,表面以下 1 ~2cm 处温度为 120 ~140℃,表面以下 3 ~6cm 处温度为80 ~100℃。

按燃料和加热方式可分为以下三种:

(1)红外线辐射式:采用液化石油气;

(2)热风循环式:采用燃油;

(3)红外线热风并用式:采用燃油。

2. 铣刨

将加热后的路面,耙松堆起,根据需要加入再生剂。再生剂保存在随车携带的储存罐中,并且通常加热到接近供应商推荐的最高温度,这样有利于再生剂在松散材料中的扩散。再生剂通过计算机控制系统直接喷洒在加热后的沥青路面上。

3. 拌和

经过铣刨、耙松后,由拌和机组进行拌和。根据需要加入再生剂、沥青和沥青混合料,控制拌和速度,保证新旧混合料拌和均匀。

4. 摊铺

经过拌和装置拌和后,送入摊铺机组摊铺。摊铺时注意下面几点:

(1)摊铺的时候要以原来路面为基准面确定松铺系数,一般取1.18~1.20;

(2)摊铺过程中别忘了找平,一般采用两侧纵坡仪进行控制,还可以加强人工监控,实时调整;

(3)摊铺时也要注意新旧路面的接缝处理。

5. 碾压

由于热再生每次只能处理一个车道宽度,这样就要求初压、复压和终压的压路机至少各有一台。面层碾压时,一般情况下,双钢轮压路机初压两遍(第一遍稳压,第二遍高频低振前进不振后退振),复压五遍,终压两遍,碾压的遍数根据实际施工速度及温度进行相应的现场调整。具体要求如下:

(1)混合料摊铺后,必须紧紧跟着在尽可能高的温度状态下开始碾压,不能等候。除了必要的加水等短暂歇息外,压路机在各个阶段的碾压过程中应该连续不断地进行。同时也不得在低温度状态下反复碾压,防止磨掉石料棱角或压碎石料。同时压路机应该按规定路线行走,不能在接缝处出现啃边。

(2)碾压应该缓速而且均匀地进行,每次碾压直到摊铺机跟前,初压区的长度通过计算确定以便与再生速度配合,一般不大于20m,初压遍数一般两遍,重叠为轮宽的1/2。不能出现推移、开裂等现象;先碾压横缝再碾压纵缝,逐次向中心移动;接缝出现局部蜂窝、离析应该及时用细料填补复压。

(3)复压紧紧跟在初压后进行,采用重型轮胎压路机进行搓揉碾压来增强密水性,总质量不能小于25t。胶轮碾压时如果出现黏轮现象,应该用沾有柴油、洗涤剂和水混合液的拖把涂抹轮胎。

(4)终压紧紧跟在复压后进行,可以选用双钢轮压路机或者关闭振动的振动压路机碾压1~2遍,直到没有明显轮迹为止。碾压过程中必须有专门人员照看,防止出现黏轮现象,特别是上面层碾压的时候。压路机不能在还没碾压成型的路段上转向、挑头、加水或停留。在当天成型的路面上不能停放各种机械设备或车辆,不能散落矿料或油料等杂物。

6. 现场质量检测

碾压完成后的现场质量检测,主要是路面冷却后,开放交通前,完成路面平整度、构造深度、渗水系数、摩擦系数等的检测。

实战演练

【实训项目】

参观沥青混凝土就地热再生施工现场

【实训要求】

1. 目的：通过参观实习使学生掌握沥青混凝土路面就地热再生施工程序及其施工要点，重点掌握采用就地热再生施工的条件及其施工现场应注意的问题。

2. 要求：

(1)选择一段正在施工的公路。

(2)5 ~8 名学生为一组，以组为单位进行施工现场的调查、察看。

(3)按《沥青路面就地热再生指南》，结合本单元所学理论知识收集有关资料。

(4)写出参观路段承包人采用的施工程序。

(5)对参观路段存在的问题提出改进建议。

(6)拍摄必要的照片和录像。

(7)写参观实习报告和参观实习体会。

【实训器材】

照相机(或摄像机)、钢笔、铅笔、皮尺、记录本、实训报告等。

【实训报告】

根据本次参观实习现场观察，提交如下实习成果：

1. 参观路段工程概况；

2. 参观路段就地热再生施工程序；

3. 相应的照片和录像；

4. 参观实习建议和体会。

单元 2.5　就地冷再生技术

知识导入　就地冷再生工艺是 20 世纪 80 年代后期发展起来的一种较新的路面翻修技术。这种工艺包括四个主要工序：首先是准备旧路面的再生材料，包括破碎和翻松旧路；其次是加入乳化沥青、还原剂、水泥以及其他添加剂，并加水拌和；第三是成型和压实；最后是在再生的路面上加铺磨耗层。为了增强作用，还可以加铺黏结层和结构层。就地冷再生工艺主要用于结构层的翻修。

2.5.1　初识冷再生技术

道路就地现场冷再生是在常温下使用冷再生机械连续完成铣刨和破碎旧路面结构层(包括面层和部分基层)、添加再生材料、拌和、摊铺等作业过程，碾压成型后的摊铺层可作为低等级公路的面层和高等级公路的下面层或基层，属于道路养护维修范畴。

相关链接　2004 年 8 月 27 日，“就地冷再生技术”在北京顺义区辛樊路大修工程中试验成功,这在北京地区尚属首次。施工路段长 4 607m,总面积 55 284m^2。

一、就地冷再生技术特点

1. 概况

就地冷再生技术的优点是可以大大降低路面维修成本,提高公路维修质量,保持路面结构的完整性,缩短路面维修工期,简化施工工序。同时,由于旧料得到了再生利用,从而大大减少了新筑路材料的开采量,也不存在旧料的运输与存放问题,所以此项技术是一项绿色环保技术。就地冷再生技术适用于所有路面高程不受限制的道路和严重缺乏路面材料地区的高等级公路。相应于以上范围,被再生的道路断面结构如图 2.5.1 所示。

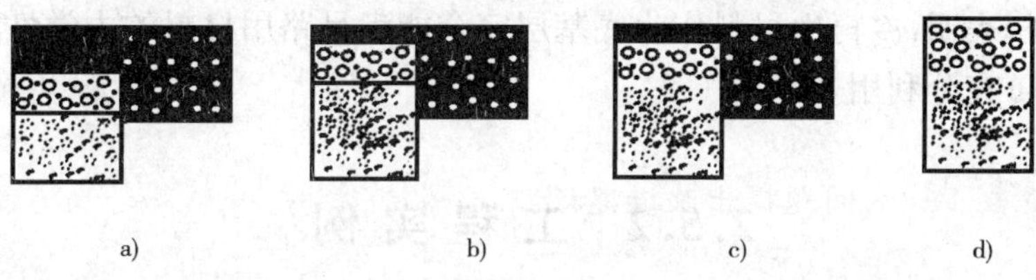

图 2.5.1　被再生的道路断面结构图

对于土路,在土质合乎筑路要求的前提下,加入集料和再生添加剂,可得到稳定的基层。此时的就地冷再生实际上为稳定土拌和施工。

2. 技术特点

与其他工艺相比较,就地冷再生技术主要特点为:

(1)全部旧料就地再生,不仅减少了新料的用量,而且节省了运输费用。

(2)在翻修路面的补强问题上有很大的灵活性,可以只在再生的路面上铺一层稀浆封层,也可以在其上加铺一层热沥青混合料磨耗层,也可以将再生路面作为底面层,在其上加铺中面层和上面层,构成三层结构的路面,还可以将再生路面作为第一层结构层而在其上铺多层结构的沥青路面。

(3)消除旧路面不规则的横向裂缝。

(4)由于已经有了再生路面作为底面层,在其上加铺其他面层的工作量将相应减少,因而节约了施工时间、降低了施工成本。

(5)减轻环境污染、减少能源消耗。

这些特点显示了冷再生工艺的良好发展前景,许多国家著名的筑路机械制造企业,如德国的 Wirtgen、美国的 CMI、ASTEC 等公司都生产有各种类型的冷再生机,而这些机械的出现也进一步促进了冷再生技术的推广应用。

二、冷再生的材料

1. 原材料

道路就地冷再生施工中使用的集料主要有铣刨下来的旧沥青铺层材料(RAP)、碎石、砾石、砂及砂砾混合料等。

2. 添加剂

添加剂主要有水泥、乳化沥青、石灰、粉煤灰和高炉炉渣等。石灰、水泥、石灰或水泥与粉煤灰的混合物及高炉炉渣的添加可以采用预撒的方式,也可以通过机载一体式撒布装置撒布。

三、就地冷再生的条件

冷再生技术具有施工工艺简便、分段施工、工期短、再生后即可通车的优点，这使旧路改造升级、施工不中断交通成为可能。冷再生技术充分利用旧路资源，彻底解决了将旧路挖除重建而存在建筑废料运输和堆放的问题，也大大地减少了新材料的用量，减少了环境污染与破坏，尤其适合于城市道路的维修与改造。

无论是根据经验还是实测数据，只要混合料中5mm以上的粒料占40%以上，该旧路就有利用其作为再生基层或底基层的可能。因为有足够的大集料，就能够形成再生基层或底基层的骨架结构，使再生层具备一定的承载能力。

通过试验分析表明，冷再生材料作为底基层完全能满足路用材料的力学性能要求，因此在旧路改建工程中可充分利用。

2.5.2 工程实例

一、工程概况与特点

202国道鞍山段（K1414+841～K1431+900）为一级路标准，原路面为双向四车道，单幅宽度为11m，中间分隔带现场开挖探坑表明，原有路面的结构形式为"钢渣（40cm）+粗粒式沥青混凝土（5cm）+中粒式沥青混凝土（5cm）"。本工程基层材料钢渣直接来自于鞍钢，由于没有经过破碎处理，致使钢渣的粒径大小不均，大于5cm的粒径有近10%，个别钢渣的粒径有近30cm。

经过对202国道（鞍山段）的路况调查，路面出现了不同程度的破损，其使用功能已逐渐降低，影响行车质量，急需维修。经过现场考察和分析，路面主要病害有以下三种：龟裂、车辙与桥面破损。龟裂说明路面基层结合料可能已脱落，基层结构已松散破坏；车辙主要是由于沥青混合料组成材料和组成设计不合理，混合料稳定性差，或由于基层及沥青混合料面层施工压实度不足，使轮迹带处的面层材料和路基在重荷载反复作用下出现固结变形和侧向剪切位移；桥面破损主要是由于水泥混凝土桥面的平整度不好，使局部沥青混凝土铺装层过薄，难以抵抗车轮水平力的作用，逐渐剥落形成坑洞。

为了能科学、准确地比较冷再生基层施工前后对于弯沉等强度指标的提高程度，在大修路段旧路的弯沉进行了实地检测。通过检测得到弯沉值在120～160（0.01mm）之间，远大于设计指标，已经不适应重交通量的需要，因此进行维修改造是十分必要的。

二、施工方案

就我国北方地区道路结构来讲，以水泥作为添加料对沥青混凝土路面进行就地冷再生是最常用的一种方案，水泥的通常用量按质量计在3%～5%之间比较合适。

202国道（鞍山段）施工采用的是水泥稀浆搅拌输送的方法，将需要添加的水泥和水搅拌成水泥稀浆，再通过再生机上的控制系统将其输送到再生机的拌和仓中。

冷再生为新工艺，施工经验相对较少，为确保工程质量，先期进行了300m的试验路段，通过旧路材料筛分、击实试验，确定各项参数指标，最后明确其主要施工工艺。

三、施工工艺

1. 旧路面破碎拌和

旧路面再生采用 Wirtgen2500 冷拌再生机，该机最大工作宽度为 250cm，最大拌和深度 40cm，能保证连续拌和，具有很高的生产率，能精确控制铺筑厚度。工作深度一旦确定，则转子的切削深度将由传感器及控制系统保证，从而获得精确的冷再生厚度，并且可半封闭施工，改善交通中断状况及施工安全。为避免出现条梗，相邻两幅重叠 20 ~ 30cm。工作时，冷再生机需一辆洒水车搭配保证拌和用水，拌和过程按 10% 含水率加水，随拌随检查含水率，拌和行进速度保持在 8 ~ 10m/min，有专人随时跟机检测拌和深度，确保拌和料含水量及拌和层厚度。破碎拌和后，经筛分大颗粒内如颗粒团过多，可用再生机或路拌机加拌一次，水分不足路段，加拌前及时补洒水，保证再生混合料的稳定性。

2. 路面混合料分析

拌和后的旧料分析包括旧料的筛分结果、最佳含水率、最大干密度以及松铺量的确定，作业段合理长度确定。实验室从现场均衡取料，通过对拌和料的筛分，通过多次击实试验，确定粒料的最大干密度为 2.25g/cm^3，最佳含水率为 9.5%，松铺系数为 1.33。通过冷再生的延迟时间对强度的影响试验，确定延迟时间为 4h。施工中，严格控制从加水泥开始拌和到碾压完成的时间在 4h 内完成，通过试验段确定工作段的合理长度为 160m。

3. 破碎后的旧路整形

整幅路段拌和完成后，用平地机初步整平，再用振动压路机稳压两遍，测量人员根据设计纵断高程和横坡度，每 10m 为一断面分左、中、右及 1/4 处 5 个点测出高程，按 1.33 的松铺系数，人工找出基准点，相邻两个点用石灰连成线，高程不足时及时用平地机刮平。通过旧路整形达到“调坡”、“调拱”的目的，且保证平整度。

四、注意事项

由于 202 国道鞍山段冷再生基层及路基的整体性、稳定性较差，路面有较严重的网裂、车辙等病害，且路面平整度、横坡度欠佳，在施工过程中存在的主要问题有：

（1）路面整形过程中出现了一定的困难，横坡与厚度出现了矛盾。当原路况较差（横坡较小）时，要想使横坡达到设计要求就得使路缘高程降低、道路中线高程升高，从而导致再生厚度不均匀，中线附近过厚而路缘附近却达不到设计要求。

（2）再生宽度达不到路缘石，原因之一是再生机本身的局限使铣刨鼓边缘不能靠近路缘石，距离路缘石约 20cm；原因之二是由于公路两边的绿化树木较大，如果再生机过于靠近公路边缘，绿化树木伸出的枝杈会对再生机造成危害。

（3）CR2200 冷再生机需要使用清洁的饮用水，所以在施工过程中，寻找水源成为一个很大的问题。

五、质量控制与检测

（1）铣刨深度：再生机行进过程中，通过计算机按照设计深度进行铣刨，根据不同路况人工随时量取铣刨深度，看是否满足要求。

（2）横坡、纵断高程：初压后，利用水准仪按松铺 2cm、每 20m 测 1 个断面（3 个点）控制平地机工作，横坡偏差为 ±0.3%，中线高程偏差 +5、−10mm。

(3)压实度:终压完毕后,用灌砂法按《公路工程质量检验评定标准》(JTG F80/2—2004)附录 B 检查,一般每 100m 一处。

(4)平整度:终压完毕后,采用 3m 直尺每 100m 随机量测一处 10 尺,允许偏差≤8mm。

(5)抗压强度:水泥及水的计量通过水泥稀浆车计算机控制。每工作班制备 1 组试件,试件 6 天洒水养生,1 天浸水养生,测定抗压强度。一般强度可达 2.8 ~ 3.1MPa(按水泥添加剂 5.0% 计量)。

(6)弯沉值:半刚性基层施工完毕、不间断洒水养生 7 天后,采用贝克曼梁法对行车道和超车道按每 20m 一点进行测量。再生后弯沉值一般可比原路面提高 60% 左右。

冷再生作为一种新兴的施工技术,在我国公路事业飞速发展的今天,将会以其独特的施工工艺、特点,牢固立足于公路施工工艺的竞争行列之中。与传统筑路方法相比,就地冷再生技术可缩短工期,提高作业效率,完全利用废旧材料,大大节省施工成本,而且对交通的干扰最小。202 国道鞍山段冷再生新技术为旧路更新改造探索了新途径,积累了新经验。

实战演练　参观实习

【实训项目】

沥青混凝土冷再生施工

【实训要求】

1. 目的:通过参观实习使学生掌握沥青混凝土路面冷再生施工程序及其施工要点,重点掌握采用冷再生施工的条件及其施工现场应注意的问题。

2. 要求:

(1)选择一段正在施工的公路。

(2)5 ~ 8 名学生为一组,以组为单位进行施工现场的调查、察看。

(3)结合本单元所学理论知识收集有关资料。

(4)写出参观路段承包人采用的施工程序。

(5)对参观路段存在的问题提出改进建议。

(6)拍摄必要的照片和录像。

(7)写参观实习报告和参观实习体会。

【实训器材】

照相机(或摄像机)、钢笔、铅笔、皮尺、记录本、实训报告等。

【实训报告】

根据本次参观实习现场观察,提交如下实训成果:

1. 参观路段工程概况;

2. 参观路段冷再生施工程序;

3. 相应的照片和录像;

4. 参观实习建议和体会。

单元 2.6　稀浆封层技术

知识导入　鲁迅先生曾经说过,“其实地上本没有路,走的人多了,也便成了路。”

道路伴同人类活动而产生，又促进社会的进步和发展，是历史文明的象征、科学进步的标志。公路养护技术也伴随社会的不断进步而不断发展，人们研究出各种养护新技术，稀浆封层就是其中一项。

2.6.1 初识稀浆封层技术

乳化沥青稀浆封层技术是以级配的砂石材料为集料，选用满足某种技术要求的乳化沥青或改性乳化沥青材料为结合料，加入适量的水、填料和必要的外加剂，在专用的稀浆封层机具内，在行驶中按设计比例配制成具有一定技术性能且达到某种功能要求的稀浆混合料。该种稀浆混合料的稠度较稀，形态似浆状，铺筑厚度一般在 3～10mm 之间，主要起防水或改善恢复路面功能的作用，故称乳化沥青稀浆封层，又简称为稀浆封层。

稀浆封层技术在国外和我国的发展概况分别如表 2.6.1、表 2.6.2 所示。

相关链接 微表处技术首先出现在欧洲。20 世纪 70 年代中期，德国公路工作者为了用稀浆封层解决路面车辙问题，开始对稀浆封层混合料进行改良，从而产生了使用聚合物改性的快凝、快开放交通的稀浆封层——微表处车辙填充技术。随后，微表处混合料也开始用于整幅路面的罩面。20 世纪 80 年代，微表处技术进入美国，并在美国得到了广泛应用，成为美国、加拿大、欧洲及其他很多国家和地区高等级公路的主要养护手段之一。微表处技术在我国还是一项新技术，但发展势头十分迅猛。

国外发展情况 表 2.6.1

发展年代	主要技术特征	阶段划分
初期(20 世纪 60 年代以前)	1. 采用集中拌和、人工摊铺，结合料为阴离子乳化沥青材料； 2. 养护时间长，黏附性差； 3. 主要应用于交通量比较小的场所	提出阶段
中期(20 世纪 60 年代的后期到 90 年代中期)	1. 研制了专用稀浆封层机械，采用阳离子乳化沥青材料； 2. 施工进度快，养护时间短，黏附性能好； 3. 快速发展，并广泛应用	发展完善阶段
近期(20 世纪 90 年代中期至今)	1. 机械设备大型化，比例可自动控制，可连续不间断施工； 2. 材料性能大幅度提高，材料品种多样性； 3. 施工规范化，试验检测与控制体系基本形成； 4. 已大量应用到高速公路维修养护项目中	应用阶段

国内发展情况 表 2.6.2

发展年代	主要技术特征	阶段划分
早期(20 世纪 80 年代初期到 90 年代初期)	1. 20 世纪 80 年代初援建赞比亚赛曼公路上成功应用双层稀浆封层； 2. 1987 年辽宁省组织研究成功研制了自行式和拖式稀浆封层机	引进消化阶段
中期(1990～2000 年)	1. 原交通部“八五”推广稀浆封层技术； 2. 原建设部 1995 年颁布了《路面稀浆封层施工规程》(JJ 66—95)； 3. 改性乳化沥青材料和机械研究成功	研究探索阶段

续上表

发展年代	主要技术特征	阶段划分
近期(2000年至今)	1. 原交通部公路所1999年开始立项研究,2003年11月22日在南京组织第一次研讨会; 2. 国外公司的进入,国内专业化公司的成立,在高速公路养护中的应用; 3. 应用比较多的省份,如河北、江苏、浙江、山东、福建、重庆、河南等,应用效果总体比较成功	快速发展阶段

2.6.2 稀浆封层技术特征

一、稀浆封层技术分类

1. 稀浆封层按混合料中集料的粒径分类

稀浆封层的分类是以稀浆混合料中集料的最大粒径及级配为依据的。各国有不同的分类标准,国际稀浆封层协会(ISSA)分有细封层(第Ⅰ型)、中封层(第Ⅱ型)、粗封层(第Ⅲ型)和加粗封层(第Ⅳ型)。不同类型的稀浆封层固化后的厚度如表2.6.3所示。

稀浆封层固化成型后的厚度 表2.6.3

类　型	细封层Ⅰ	中封层Ⅱ	粗封层Ⅲ	加粗封层Ⅳ
固化成型后厚度(mm)	3	5~8	9.5~11	15~20

2. 稀浆封层技术按结合料的类型分类

稀浆封层技术按结合料的类型分为普通稀浆封层和改性稀浆封层,如图2.6.1所示。

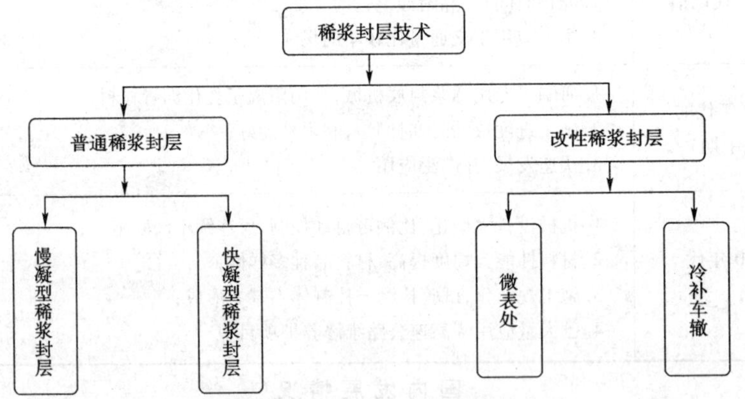

图2.6.1 稀浆封层技术分类

二、稀浆封层技术特征

稀浆封层技术特征如图2.6.2所示。

三、稀浆封层类型选择的基本原则

(1)Ⅰ型为细粒式封层,厚度为2~3mm。这类封层沥青用量较大,因而混合料具有较好

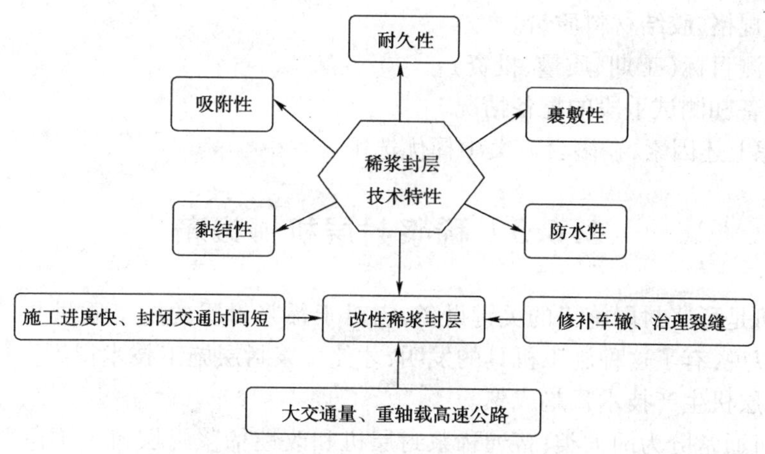

图2.6.2 稀浆封层技术特征

的渗透性，有利于治愈裂缝，表面纹理清晰，可用于基层的保护层或下封层以及气候温暖、交通量低的乡村地方道路面层。对于外观要求高的停车场、机场跑道、住宅区道路等更为适宜，造价也较低；也可以用于桥面防水层，更多地用于高等级公路的路面下封层；对于基层稳定的路面，可用作磨耗层，但不适用于冰冻或冻融交替地区。

(2) Ⅱ型为中粒式封层，厚度6～8mm。这类稀浆封层的特点是混合料有足够的细粒料，易于渗入裂缝，表面纹理清晰，用途广泛，适用于交通量较大的公路与城市道路，并可用作热拌粗级配沥青混合料或贯入式路面上的罩面。这种封层既可作为下封层或桥面防水层，又可以作为新旧路面的上封层或低等级公路的表面磨耗层。

(3) Ⅲ型为粗粒式封层，厚度9～11mm。这类封层的表面粗糙，适用于大交通量路段，对于温度变化较大、重交通量的路段更为适宜。如在这种粗粒式封层上再加铺一层中粒或细粒式封层，采用双层结构则效果更好。

(4) Ⅳ型为加粗封层，适用于在轻交通量的半刚性基层的乡道上封层及低等级公路路面，在交通量大的干线公路及高速公路上做表处层代替中修罩面。

(5)改性乳化沥青稀浆封层具有很强的黏附性与胀缩能力，适合温差变化大的情况，能很好地起到防止水损害、延缓反射裂缝、延长使用寿命的作用。当强调路面防滑性，需铺筑粗糙度大的路面时，必须使用改性乳化沥青。

(6)微表处：在常规的稀浆混合料配方中加入特殊的高分子聚合物和添加剂，制成聚合物改性沥青稀浆混合料，集料级配根据路面使用的不同要求专门设计，形成摊铺厚度较大(5～15mm)、固化时间加快、黏附性更强的封层。

在稀浆封层的沥青乳液中可掺入不同颜色的乳状液，用它铺筑彩色稀浆封层。在高等级路面的养护维修和桥面下封防水层中，还可采用掺加橡胶胶乳或高分子聚合物的改性乳液，以提高封层的强度和耐久性，并可缩短开放交通的时间。

四、稀浆封层类型选择时应考虑的因素

(1)原路面的状况和结构组合。

(2)交通量和主要荷载类型。

(3)区域的气候条件和具体路段。

(4)集料的规格、胶结材料质量。

(5)项目预测目标(工期、质量、投资)。

(6)机械设备和测试手段的配备情况。

应综合考虑上述因素,在多套方案中择优选用。

2.6.3 稀浆封层机械设备

稀浆封层机是稀浆封层施工的关键设备,它对于稀浆封层的施工质量与进度有着至关重要的作用。可以说,有了这种施工机具的发明,才使稀浆封层施工技术得到发展。经过几十年的努力,稀浆封层机生产技术日趋成熟。

稀浆封层机通常分为两大类:普通稀浆封层机和改性稀浆封层机。不论哪类稀浆封层机都是将各种原材料的储存、运送、掺配、拌和、摊铺等各种工序都集中在一台车上,可按要求的配合比,将各种原材料在很短的时间内拌制成稀浆混合料,并能在运行中进行摊铺。稀浆封层机从配料到摊铺,均由机械自动进行连续作业,全过程几分钟即可完成。图 2.6.3 ~ 图 2.6.5 为国内外部分公司生产的不同型号的稀浆封层机。

图 2.6.3 德国百灵公司制造的改性稀浆封层机

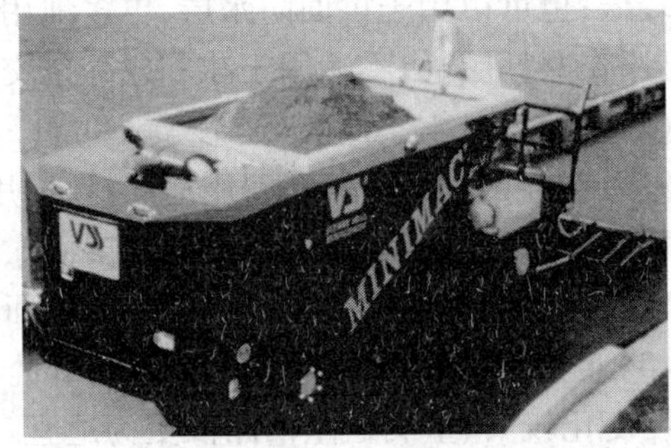

图 2.6.4 美国威廉公司微型稀浆封层机

a)

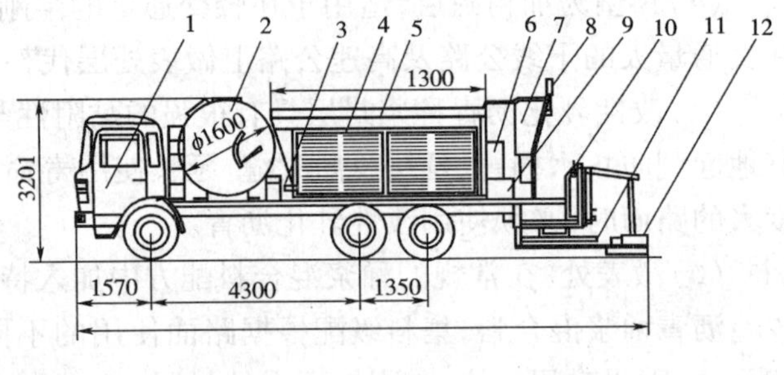

b)

图 2.6.5 沈阳北方交通公司制造的稀浆封层机

a)外形图;b)结构示意图(尺寸单位:mm)

1-底盘;2-乳化沥青及水罐总成;3-皮带传送系统;4-车厢侧盖板;5-集料仓总成;6-仪表及控制系统总成;7-沥青流量监控器;8-工作照明灯;9-混合料出口;10-操作台;11-拌和仓总成;12-摊铺机总成

改性稀浆封层机是改性稀浆封层施工必不可少的专用机具。改性稀浆封层机与普通稀浆封层机两者的拌和系统和摊铺系统结构有很大差别。实践证明,改性稀浆封层机可替代普通稀浆封层机进行施工,但普通稀浆封层机却不能满足改性稀浆封层的施工技术要求。

2.6.4　稀浆封层施工

一、稀浆混合料基本组成及常规配比

稀浆封层混合料的基本组成为结合料、集料、水、填料和外掺剂。

稀浆混合料的常规配比如表2.6.4所示。

稀浆混合料常规配比　　表2.6.4

材料名称	结合料	外掺剂	填料	集料	水
配比(%)	10~20	2~4	1~3	100	5~15

二、工艺流程

一般稀浆封层不需碾压,可由行车进行压实。但在某种特定条件下或在低交通量的路段,需要用小吨位压路机碾压,也可以采用轮胎压路机碾压。在低温条件下施工时,需要特别注意封层的初期养护。图2.6.6为稀浆封层工艺流程图,图2.6.7为稀浆封层施工现场。

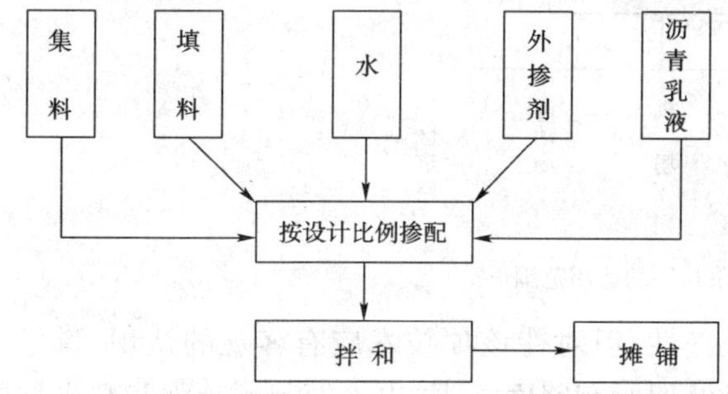

图2.6.6　稀浆封层工艺流程图

图2.6.7　稀浆封层施工

三、施工中可能出现的问题及应对措施

1. 稀浆封层固化过慢

(1)改变乳液类型,采用破乳速度较快的乳液;

(2)适当减少拌和用水量;

(3)适当增加水泥用量;

(4)改变矿料的配合比例;

(5)采用外掺剂。

2. 稀浆封层产生剥落

(1)适当增加乳液用量;

(2)改善集料的级配比例;

(3)适当减少拌和用水量;

(4)加强原路面的清扫工作。

3. 稀浆封层起泡或出现海绵状

(1)适当减少水泥用量;

(2)适当减少稀浆混合料的拌和时间；

(3)改善乳液性能。

4. 摊铺箱内稀浆混合料出现硬化现象

(1)适当减少摊铺箱内的稀浆混合料数量；

(2)适当减少水泥用量；

(3)适当增加拌和用水量。

四、工程应用

目前，稀浆封层主要应用于如图 2.6.8 所示的几个方面。

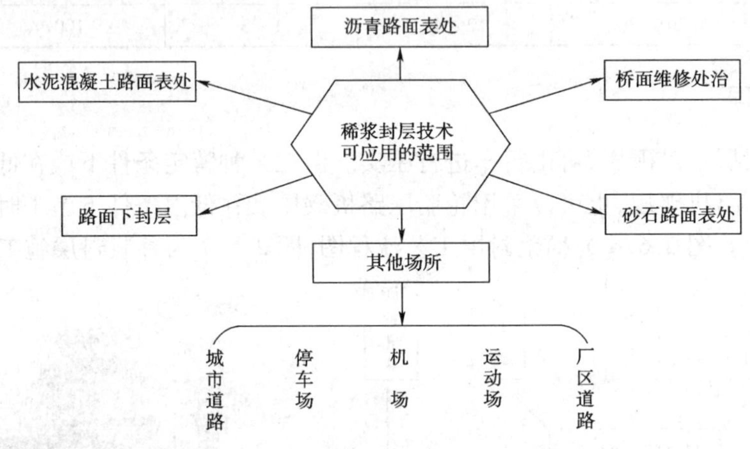

图 2.6.8　稀浆封层的适用范围

稀浆封层作为一项新技术，无疑有它的先进性，但对待该项技术应有客观的认识，科学地应用。经过工程实践证明，稀浆封层技术不能处理所有路面病害，也不能起到补强和整平层的作用。

(1)当路面的强度或承载能力不能满足交通荷载的基本要求时，不能采用稀浆封层技术方案(图 2.6.9)。

(2)路面水损坏(图 2.6.10)。

图 2.6.9　路面强度不足

图 2.6.10　路面水损坏

(3)严重车辙，危及行车安全(图 2.6.11)。

(4)当沥青路面出现泛油或水泥混凝土路面出现断板等病害(图 2.6.12)，不能选用稀浆封层技术去进行表面处治。

(5)当路面结构出现反弹性开裂时(图2.6.13),采用稀浆封层技术方案不可能阻止或控制路面反弹开裂的发生。

图2.6.11 严重车辙

图2.6.12 泛油

图2.6.13 反弹性开裂

实战演练 参观实习

【实训项目】

沥青混凝土稀浆封层施工

【实训要求】

1. 目的:通过参观实习使学生掌握沥青混凝土路面稀浆封层施工程序及其施工要点,重点掌握采用稀浆封层施工的条件及其施工现场应注意的问题。

2. 要求:

(1)选择一段正在施工的公路。

(2)5~8名学生为一组,以组为单位进行施工现场的调查、察看。

(3)结合本单元所学理论知识收集有关资料。

(4)写出参观路段承包人采用的施工程序。

(5)对参观路段存在的问题提出改进建议。

(6)拍摄必要的照片和录像。

(7)写参观实习报告和参观实习体会。

【实训器材】

照相机(或摄像机)、钢笔、铅笔、皮尺、记录本、实训报告等。

【实训报告】

根据本次参观实习现场观察,提交如下实训成果:

1. 参观路段工程概况;

2. 参观路段稀浆封层施工程序;

3. 相应的照片和录像;

4. 参观实习建议和体会。

单元2.7 碎石封层

知识导入 在用心规划、精心施工的前提下,碎石封层技术是一项简单、高效且经济的路面处理技术。在世界公路界,这项技术被广泛用于中等及低交通量的道路的路面封层上,同时也被作为各种道路的养护技术在使用。

2.7.1 初识碎石封层

碎石封层是由一个薄的黏结层构成,一般是先将沥青材料喷洒于路面上,然后用一碎石层覆盖其上。这个黏结层起到的是防水密封作用,防止路面上的水进入道路结构层中。碎石层对黏结层起保护作用,防止车辆轮胎对黏结层的破坏,同时它也构成一个耐用、防滑及防尘的磨耗层。在某些情况下,这种施工技术可以重复使用,形成双层或是三层碎石层结构,从而更加丰富了该项技术的应用领域。

相关链接 碎石封层技术是一种十分有效的养护技术,如果应用及时,可以改善道路的防水性能,提高道路的防滑能力,消除道路病害,提高道路的行车舒适性,极大地延长道路的使用寿命。在某些特定情况下,碎石封层技术也可以通过做防水层来阻止结构有缺陷的道路继续损坏,这时它便起到了保护道路结构层及次结构层固有强度的作用。

一、碎石封层的分类

1. 按材料的不同分类

碎石封层按材料的不同,可分为碎石封层、同步碎石封层和纤维同步碎石封层。

2. 按施工工艺的不同分类

按施工工艺的不同又可以分为六种类型,如图2.7.1所示。

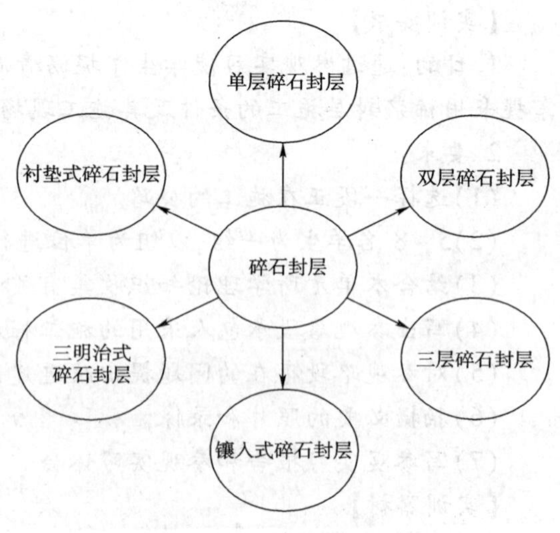

图2.7.1 碎石封层类型

(1)单层碎石封层:指在原有路面上仅喷洒一层黏结层及一层碎石层的碎石封层技术。

在将该形式的碎石封层技术应用于已有沥青道路的养护作业时,它可以满足养护所进行的再封层所需的所有功能,即路面防水、阻止道路的损坏、恢复道路的防滑性能。

单层碎石封层不常用于新建道路的路基上，因为使用的沥青是薄层沥青，所以存在沥青不能完全覆盖路基的风险。

(2)双碎石封层：指在原有路面上先后进行两次单层碎石封层的碎石封层技术。

双碎石封层强度很好，可用于新建路基上的封层。

如果在进行第二次碎石封层前，将第一次封层，面向交通开放2~3周，双碎石封层的质量将会大大提高。这种方式将使第一层的碎石处于稳定自锁的"马赛克"镶嵌状态，为第二层封层提供一个牢固的基础。

尽管如此，在这个阶段中，交通及动物所携带的泥土将会对路面造成污染，这需要在第二次封层前进行彻底的清扫。这种清洁很难达到时，应及早进行第二次封层阻止路面污染。

沙子有时被作为碎石用于第二次封层中。尽管沙子不能对封层的厚度起任何作用，但沙子与沥青的混合物却为第一层的碎石提供了一个有用的填塞介子，在第一层碎石形状不理想的情况下，有利于将碎石更牢固地固定。使用稀浆封层的目的也在于此。

(3)三层碎石封层：指在原有路面上先后进行三次单层碎石封层的碎石封层技术。

三层碎石封层一般用于承载高交通量的新建公路上。在三层碎石封层技术中，第三层使用小粒径的碎石，这将有助于减少交通产生的噪声，同时第三层的沥青将确保道路的免养护期更长。

(4)镶入式碎石封层：这种形式的碎石封层是指在喷洒一层厚的沥青后，在其上撒布一层大粒径的碎石，这层碎石层要覆盖沥青层90%左右。紧随其后，撒布一层较小的碎石，用于镶锁大的碎石，形成稳定的马赛克结构。

这种形式的碎石封层建议用于交通量大且车速快的道路。该种形式的碎石封层所用的沥青量要多于单层碎石封层，少于双层碎石封层。

镶入式碎石封层的主要优势有：

①降低了大碎石剥离的风险；

②由于良好的机械自锁性，早期稳定性好；

③路表纹理好。

(5)三明治式碎石封层：指两层碎石中间夹一层沥青的碎石封层技术。

三明治式碎石封层主要用于现存沥青路面沥青过多时的施工中。有时在坡路上施工时，为减少沥青向下流淌的趋势，也用这种碎石封层方式。

(6)衬垫式碎石封层：第一层碎石封层使用小粒径的碎石，而第二层使用大粒径的碎石。

这种碎石封层方式用于原有路面坚硬，第一层碎石很难镶入的道路上。第一层粒径为6mm的碎石能很好地附着在坚硬的路面上，而且为第二层大粒径10~14mm的碎石提供一个黏附层。

二、碎石封层技术的发展

同步碎石封层技术，从20世纪80年代开始在法国被大规模采用，20世纪90年代传播到欧洲各国及美国，还在俄罗斯、印度、非洲、澳洲等数十个国家或地区中得到推广。据统计，在欧洲有95%以上的公路均采用这项技术进行养护。

目前，同步碎石封层技术在我国辽宁省、湖南省等地的高速公路下封层及国道、省道的建设中已经得到应用。由于这项技术具有优越的性能,许多公路建设部门对它产生了浓厚的兴趣。但总地来说,由于这项技术在我国才刚刚开始得到应用,许多施工工艺还没有被完全掌握,更缺乏施工经验,在施工材料的研究上还处于起步完善阶段,同步碎石封层车的研究也刚刚开始。

2.7.2 碎石封层施工工艺

碎石封层技术作为一种预防性养护手段,可以防止路面病害的进一步扩展,延长路面的使用寿命。通常用于原路面基层和横断面良好,表面可见病害为轻微松散,路面中度磨光,少量状态良好的修补,还没有出现大规模损坏的路面。在原路面上增加一层磨耗层来保护原来的路面。

一、碎石封层所用的施工机械

1. 沥青洒布车(图2.7.2)

碎石封层施工采用沥青洒布车喷洒沥青,洒布时车速和喷洒量保持稳定,沥青洒布车在整个宽度内应喷洒均匀。

2. 石屑撒布机(图2.7.3)

图2.7.2 沥青洒布车

图2.7.3 石屑撒布机

采用石屑撒布机不仅使工作进展加快,而且按需要的撒布率把集料撒布得更平整和精确。撒布机还有一个优点就是在撒布时使集料更紧贴道路表面,减少了集料跳离路面露出黏结料或跳到碎石封层以外部位而使黏结料滞留在表面的情况发生。

3. 压路机

碎石封层施工采用16~20t胶轮压路机进行碾压。碾压时,应使集料嵌挤紧密,石料不能有较多压碎现象。

4. 同步碎石封层车(图2.7.4)

有时碎石封层施工也用同步碎石封层车。使用该设备,可以替代沥青洒布车和石屑撒布机,将沥青洒布和石屑撒布两道工序简化为一道工序,可以使碎石颗粒与刚喷洒的沥青相黏结,施工效果更好。

图2.7.4 同步碎石封层车

二、碎石封层施工工艺

碎石封层采用层铺法施工。

1. 前期准备

在对路面进行碎石封层施工前，将路面清扫干净并保持干燥，对坑槽、裂缝的病害预先进行修补。

2. 洒布沥青

在需要封层的路面按有关要求处理好以后，即可洒布沥青。要结合路段的路面状况，选择合适的沥青用量进行洒布，沥青的喷洒温度应该根据施工温度和沥青标号选择，石油沥青的洒布温度是130～170℃，煤沥青的洒布温度是80～120℃，乳化沥青在常温下洒布。在洒布过程中，如果发现洒布数量不足，有花白、缺边等现象，应立即人工补洒，有沥青积聚现象应立即刮除。沥青的洒布宽度和长度应和矿料撒铺相匹配，避免沥青洒布后等待很长时间才撒铺矿料。

3. 撒铺碎石

洒布沥青后（不必等全段洒完），应立即撒铺矿料（如果是乳化沥青矿料撒铺必须在乳化沥青破乳之前完成），其数量按规定一次撒足。撒铺集料后应及时扫匀，集料不能重叠也不能露出沥青，当局部料多或不足时，要人工清除或补齐。

4. 碾压

撒铺完一段矿料后立即用16～20t的胶轮压路机进行碾压。碾压时应按照从两边逐渐向路中心的顺序，速度不能超过2km/h。

5. 初期养护

乳化沥青碎石封层应等待破乳后水分蒸发并基本成形后方可开放交通，其他沥青碎石封层碾压结束后即可限速（小于20km/h）开放交通。在通车初期，如果有泛油现象，应在泛油处补撒与最后一层矿料规格相同的石料。过多的石料应扫除路面外，以免搓动其他已经黏结的矿料。

其他类型的碎石封层施工工艺参照上面的进行。

三、碎石封层的缺点

碎石封层的缺点集中表现为早期表面石料的不稳定性，因为多面体石料需要通过足够稳压才能达到以最大平面为底的稳定状态。为了克服碎石封层的这个缺点，在交通量较大路面上，可以采用双层式碎石封层，双层式加强了石料的嵌锁作用，能够有效地提高路面的稳定性。

2.7.3 碎石封层的应用推广

一、碎石封层技术的应用

碎石封层技术是一种预防性养护手段，具有较强的防水性，极强的防滑性和施工方便快捷的特点，目前已经在全国得到成功应用。该技术被广泛地应用到沥青路面预防性养护和大中修工程建设中，具有较好的经济效益和社会效益。

二、技术推广

用一台同步碎石封层车代替沥青洒布车和石屑撒布机，也就是说同步碎石封层车可以洒布沥青，同时也可以撒铺石料，将两道工序简化为一道工序。同步碎石封层技术在我国部分省市的高速公路下封层，以及国道、省道的工程建设中已经得到应用。随着新技术、新设备的不断出现，随着施工工艺的不断改进和施工经验的不断积累，碎石封层技术必将在我国的公路养护和工程建设中得到更广泛的应用。

实战演练　参观实习

【实训项目】

沥青混凝土碎石封层施工

【实训要求】

1. 目的：通过参观实习使学生掌握沥青混凝土路面碎石封层施工程序及其施工要点，重点掌握采用碎石封层施工的条件及其施工现场应注意的问题。

2. 要求：

(1)选择一段正在施工的公路。

(2)5~8名学生一组，以组为单位进行施工现场的调查、察看。

(3)结合本单元所学理论知识收集有关资料。

(4)写出参观路段承包人采用的施工程序。

(5)对参观路段存在的问题提出改进建议。

(6)拍摄必要的照片和录像。

(7)写参观实习报告和参观实习体会。

【实训器材】

照相机(或摄像机)、钢笔、铅笔、皮尺、记录本、实训报告等。

【实训报告】

根据本次参观实习现场观察，提交如下实训成果：

1. 参观路段工程概况；

2. 参观路段碎石封层施工程序；

3. 相应的照片和录像；

4. 参观实习建议和体会。

学习情境3

水泥混凝土路面养护维修

情境导入

某道桥建设有限公司收到某高速公路第二合同段的中标通知书后，组织人员对设计图纸进行认真的复核，计算路基工程的工程量，为组织施工和计量支付提供依据。

学习目标

【知识目标】 完成本学习情境的学习，学生能够熟练掌握路基的基本概念，结合实训场地，理解施工图纸所代表的具体意义，熟练掌握工程量计算的方法。

【能力目标】 学生能够正确地使用图纸；合理地完成工程量计算。

单元3.1　水泥混凝土路面断裂类病害养护维修

知识导入　水泥混凝土路面病害形式很多，为了便于对病害成因进行分析、研究，制定出合理的预防对策，探讨维修和治理措施，《公路水泥混凝土路面养护技术规范》(JTJ 073.1—2001)中把病害分为四大类：断裂类、接缝类、竖向位移类和表层类。

本单元学习断裂类病害的养护维护方法。

3.1.1　初识断裂病害

贯穿水泥混凝土面层的断裂病害，按裂缝出现的方位和板断裂的块数，分为下列4种：

(1)平行或近于平行路面中心线的纵向裂缝；

(2)垂直或斜向路面中心线的横向或斜向裂缝；

(3)从板角隅到斜向裂缝两端的距离小于1.8m的角隅断裂；

(4)两条以上裂缝交叉，使板断裂成3块以上的交叉裂缝和断裂板。

相关链接　水泥混凝土路面在使用期间，路面经常有断裂现象发生，轻者影响路面的寿命，重者影响着行车安全，这是水泥混凝土路面发生的第一类病害。对此，必须给予足够的重视，平时应该加强养护，一旦发生断裂病害，必须及时采取处理措施。

一、纵向、横向或斜向裂缝和角隅断裂病害

按裂缝缝隙边缘碎裂程度和缝隙宽度，可分为下列3个轻重程度等级。

(1)轻微——在单块水泥混凝土面板范围内，仅仅存在一条裂缝，裂缝两侧的混凝土路面板块稳固、缝隙边缘无碎裂或错台的细裂缝，缝隙宽度小于3mm；或者裂缝填封良好、边缘无碎裂或错台的裂缝。轻微裂缝处于发育形态，在素混凝土板中，一般不会维持很久，如图3.1.1所示。对于还没有裂通的轻度裂缝，原则上可以不用处理，对于已经裂通的裂缝，可以采用灌缝或封缝处理。

(2)中等——中等裂缝是轻微裂缝进一步发展的结果。在裂缝两侧发生了碎裂或错台量小于10mm的裂缝，且缝隙宽度小于15mm，如图3.1.2所示。

(3)严重——缝隙边缘严重碎裂或错台大于10mm，且缝隙宽度大于15mm，如图3.1.3所示。

二、交叉裂缝和断裂板病害

按裂缝等级和板断裂的块数可分为下列3个轻重程度等级。

(1)轻微破碎裂缝病害——混凝土板块被轻微裂缝分割成2~3块，并且没有发生松动、错台或沉陷现象，如图3.1.4所示。

(2)中等破碎裂缝病害——板被中等裂缝分割成3~4块，或被轻微裂缝分割成5块以上，如图3.1.5所示。

图 3.1.1　轻微裂缝病害

图 3.1.2　中等裂缝病害

图 3.1.3　严重裂缝病害

图 3.1.4　轻微破碎裂缝病害

(3)严重破碎裂缝病害——板被严重裂缝分割成 4～5 块,或被中等裂缝分割成 5 块以上,如图 3.1.6 所示。

图 3.1.5　中等破碎裂缝病害

图 3.1.6　严重破碎裂缝病害

3.1.2　形成断裂病害的原因

一、横向裂缝

1. 干缩裂缝

在水泥混凝土中,水是以化学结合水、层面水、物理吸附水和毛细水等状态存在着,当这些水在混凝土硬化过程中失去时，水泥浆体就会收缩，这就是干缩。但是自由收缩还不会导致裂缝发生，当收缩受到限制时才会产生收缩应力，才会引起干燥收缩裂缝。干缩裂缝引发的路面横向裂缝，往往是在混凝土水化硬化的早期。有资料表明，水泥混凝土 20 年收缩量的 14% ~ 34% 发生在水泥混凝土的 14d 龄期内，40% ~80% 发生在 3 个月龄期内。

2. 冷缩裂缝

和一般材料一样，水泥混凝土具有热胀冷缩性能，水泥混凝土板块的自由热胀冷缩部分或整体被限制时，热胀冷缩就会产生应力变形。热胀属于压缩变形，而冷缩则属于拉伸变形，这都很容易引起水泥混凝土板块开裂。

3. 切缝不及时

为了防止水泥混凝土路面的干缩裂缝和冷缩裂缝，常采用切缝将路面分块。但由于施工中切缝的时间很难控制得当，造成水泥混凝土路面出现横向裂缝。从混凝土收缩因素考虑，最好是混凝土中水泥水化初始阶段就切缝，但实际上很难做到，因为抗压强度过低，根本无法切缝，所以有的时候切缝不及时导致裂缝也是不可避免的。

二、纵向裂缝

水泥混凝土路面传递荷载的顺序是面层、基层、垫层、路基。尽管面层板传到路基顶面的荷载应力很小，一般不会超过 0.05MPa，但路基的支撑条件却是很重要的。由于填料土质不均匀、湿度不均匀、膨胀性土冻胀、压实不足等多种原因，很可能导致路基支承不均匀。在水泥混凝土浇筑之前没有严格检查基底弹性模量是否符合规范要求，而盲目施工，在路基稍有沉陷的情况下，在板块自重和行车压力作用下而产生纵向裂缝。开始缝很细，但随着雨水浸入和浸泡，基层表层软化，产生唧泥、淘空，从而使裂缝变大。

拓宽路基时，由于路基处理不当，新路基出现沉降，水泥混凝土板下沿纵向出现脱空。在荷载作用下，使水泥混凝土发生纵向裂缝。

三、交叉裂缝

产生交叉裂缝的主要原因有：

(1)水泥混凝土强度不足，在荷载和温度作用下出现交叉裂缝。

(2)路基和基层的强度与水稳定性差，一旦受到水的浸入，将会发生不均匀沉陷，在车轮荷载作用下，水泥混凝土板块出现交叉裂缝。

(3)水泥混凝土在拌和、运输、振捣、凝结、硬化的过程中，始终存在着水泥的水化反应，使得水泥混凝土在升温和降温过程中产生体积的胀缩变形。胀缩变形受阻，产生拉应力和压应力。特别是使用了劣质水泥，会产生大面积的龟裂。

路基是直接在地面上填筑或挖去一部分地面建成的。路基建成后，改变了原地面的天然平衡状态。在工程地质不良地区，修建路基则可能加剧原地面的不平衡状态；开挖路堑使两侧边坡土体失去支承力，可能导致边坡坍塌或滑坡；天然坡面特别是陡坡面上的路堤，可能因自重而下滑。对于上述种种情况，都必须因地制宜地采取一定措施来保证路基的整体稳定性。

四、板角断裂

板角是水泥混凝土路面板的薄弱部位，由于侧模的模壁效应，施工时插入式振捣器很难使混凝土完全密实。板角密实度不够，强度相对较小，在受力上较为不利，相邻板角之间没有传力杆,传递荷载能力较差,在车轮荷载的作用下荷载应力较集中,很容易出现板角断裂。

3.1.3 养护维修方法

水泥混凝土路面的断裂病害情况复杂,维修时要根据具体情况采取相应的维修措施。下面介绍几种常用的维修断裂病害的方法。

一、扩缝灌浆法

对宽度小于3mm 的轻微裂缝,可采取扩缝灌浆法。

(1)顺着裂缝扩宽成1.5~2.0cm 的沟槽,槽深可根据裂缝深度确定,最大深度不得超过2/3 板厚。

(2)清除混凝土碎屑,吹净灰尘后,填入粒径0.3~0.6cm 的清洁石屑。

(3)根据选用的灌缝材料,按规范规定进行配比,混合均匀后,灌入扩缝内。

(4)灌缝材料固化后,达到通车强度,即可开放交通。

二、条带罩面法

对贯穿全厚的3~15mm 的中等裂缝,可采取条带罩面法进行补缝。

(1)在裂缝两侧各约15cm,并且平行于缩缝切深7cm 的两横缝,如图3.1.7a)所示。

(2)凿除两横缝内的混凝土,深度以7cm 为宜。

(3)沿裂缝两侧10cm,每间隔50cm 打一对钯钉孔,钯钉孔的大小应略大于钯钉直径2~4mm。在两钯钉孔之间打一对与钯钉孔直径相一致的钯钉槽。

(4)钯钉最好采用 ϕ16 螺纹钢筋,使用前应该除去上面的锈。钯钉长度不小于20cm,弯钩长度为7cm。

(5)将钯钉孔填满砂浆,把除过锈的钯钉插入孔内安装。

(6)将切割的缝内壁凿毛,并清除松动的混凝土碎块以及表面尘土、裸石。

(7)在修补表面上涂刷一层黏结砂浆。

(8)浇筑快凝混凝土并及时振捣密实、抹平,并喷洒养护剂,喷洒面应该延伸到相邻老混凝土面板20cm 以上。

(9)在修补块的面板两侧,用切缝机加深缩缝,并且灌注填缝料,如图3.1.7b)所示。

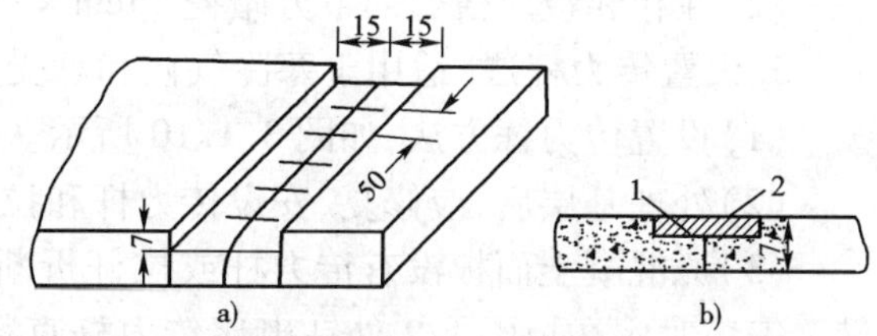

图3.1.7 条带补缝(尺寸单位:cm)

1-钯钉;2-新浇混凝土

三、全深度补块

对宽度大于15mm 的严重裂缝可以采用全深度补块。全深度补块分集料嵌锁法、刨挖法、设置传力杆法。

1.集料嵌锁法(适用于没有配筋的混凝土路面板维修)

(1)在修补的混凝土路面位置上,平行于缩缝画线,沿画线位置用切割机进行全深度切割。在保留板块边部,沿内侧4cm 位置锯5cm 深的缝,如图3.1.8 所示。

(2)破碎、清除旧混凝土。此过程中不得伤及基层、相邻面板和路肩。若破除的旧混凝土面积当天完不成混凝土浇筑时,其补块位置应做临时补块。

(3)全深锯口和半深锯口之间的4cm宽条混凝土垂直面应凿成毛面。

(4)处理基层时,基层强度符合规范要求,应整平基层;基层强度低于规范要求,应予以补强,并严格整平;若基层全部损坏或松软,应按原设计基层材料重新做基层,其技术要求应符合现行《公路路面基层施工技术规范》(JTJ 034—2000)的规定。

(5)新混凝土的配合比应与旧混凝土材料一致。如果采用JK系列混凝土快速修补材料,水灰比以0.30~0.40为宜,坍落度控制在2cm内。混凝土24h弯拉强度不低于3.0MPa。

(6)在混凝土拌和后30~40min内卸到补块区内进行混凝土摊铺,并振捣密实。

(7)浇筑的混凝土面层应与相邻路面的横断面高程吻合,其表面平整度应符合现行《公路工程质量检验评定标准》(JTG F80/1—2004)规定,补块的表面纹理应与原路面吻合。

(8)补块养生宜采用养护剂,其用量根据养护材料性能确定。

(9)做接缝时,将板中间的各缩缝锯切到1/4板厚处,将接缝材料填入缩缝内。

(10)混凝土达到通车强度后,即可开放交通。

2. 刨挖法

刨挖法亦称倒T形法适用于传荷很差的部位,如图3.1.9所示。

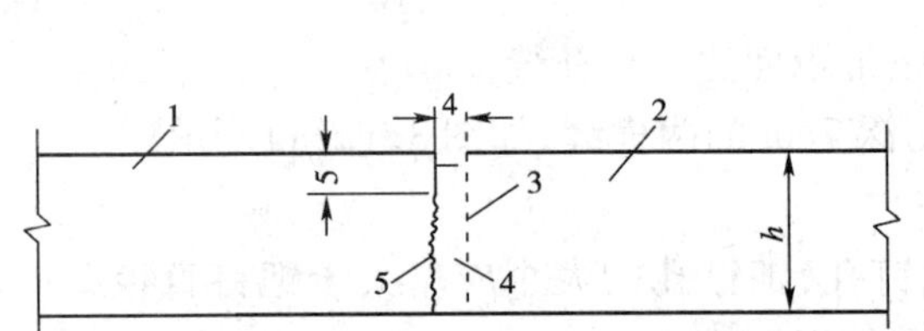

图3.1.8 集料嵌锁法(尺寸单位:cm)

1-保留板;2-全深度补块;3-全深度锯缝;4-凿除混凝土;5-缩缝交错接面

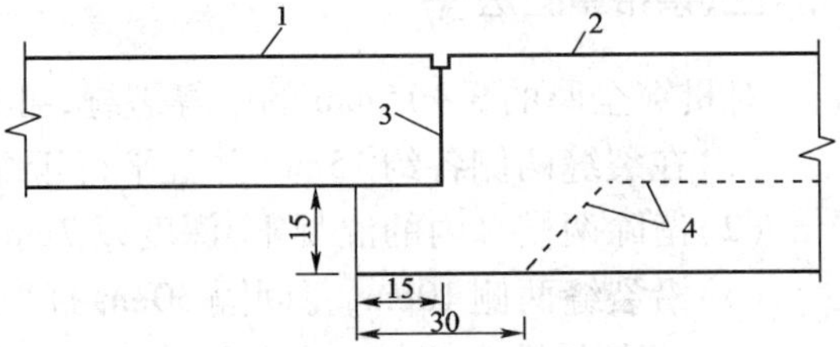

图3.1.9 刨挖法(尺寸单位:cm)

1-保留板;2-补块;3-全深度锯缝;4-垫层开挖线

(1)施工要求参照集料嵌锁法。

(2)在相邻板块横边的下方暗挖15cm×15cm的一块面积用于荷载传递。

3. 设置传力杆法(适用于寒冷气候和承受重型交通荷载的混凝土路面)

(1)设置传力杆方法,如图3.1.10所示。施工要求参照集料嵌锁法。

(2)处理基层后,应修复、安设传力杆和拉杆。

(3)原混凝土面板没有传力杆或拉杆折断时,应该用与原规格相同的钢筋焊接或重新安设。安装时应在板厚1/2处钻出比传力杆直径大2~4mm的孔,孔中心距30cm,其误差不应超过3mm。

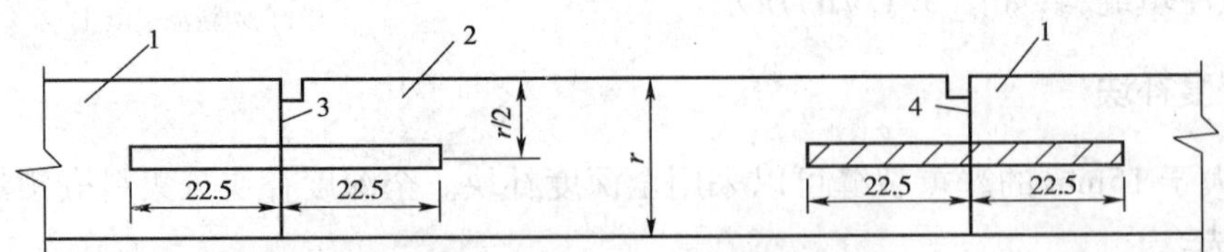

图3.1.10 设置传力杆法(尺寸单位:cm)

1-保留板;2-全深度补块;3-缩缝;4-施工缝

(4)横向施工缝传力杆直径为φ25mm,长度为45cm,嵌入相邻保留板内深22.5cm。

(5)拉杆孔直径宜比拉杆直径大2~4mm,并应沿相邻板块间的纵向接缝板厚1/2处钻孔，中心距 80cm。拉杆采用 ϕ16 螺纹钢筋，长 80cm，40cm 嵌入相邻车道的板内。

（6）传力杆和拉杆宜用环氧砂浆牢牢地固定在规定位置，摊铺混凝土前，光圆传力杆的伸出端应涂少许润滑油。

（7）新补板块与沥青路肩相接时，应和现有路肩齐平。

（8）传力杆若安装倾斜或松动失效，应予以更换。

四、板边、板角修补

1. 板边修补

（1）当水泥混凝土面板边轻度剥落时，应将混凝土剥落的碎块清理干净，用沥青混合料或接缝材料修补平整。

（2）当板边严重剥落时，其修补方法参照前面的条带罩面法进行修复。

（3）当板边全深度破碎，其修补方法参照前面的全深度补块法进行修复。

2. 板角修补

（1）板角断裂应按破裂面的大小确定切割范围，如图 3.1.11 所示。

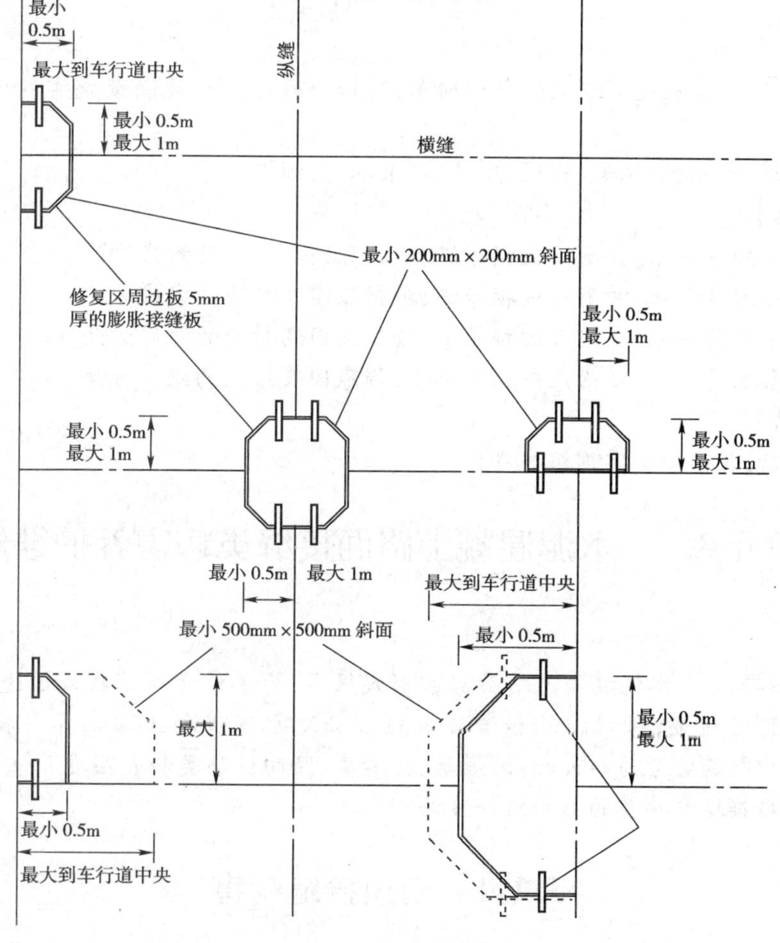

图 3.1.11　板角修补法

（修复纵向边不能位于车轮轨迹上）

（2）切缝后，凿除破损部分时，应凿成规则的垂直面。对原有钢筋不应切断，如果钢筋难以全部保留,至少也要保留 20～30cm 长的钢筋头,且应长短交错。

(3)原有滑动传力杆,如果有缺陷应予以更换并在新老混凝土之间加设传力杆,传力杆间距控制在 30cm。

(4)基层不良时,可采用 C15 号混凝土浇筑基层。

(5)与原有路面板的接缝面,应涂刷沥青。如为胀缝,应设置接缝板。

(6)现浇混凝土,与老混凝土面板之间的接缝应切出宽 3mm、深 4mm 的接缝槽,并灌入填缝材料。

(7)待混凝土达到强度后,方可开放交通。

实战演练

【实训项目】

水泥混凝土路面断裂病害调查

【实训要求】

通过对水泥混凝土路面断裂病害的调查,让学生学会判断 4 种断裂类病害,并熟练掌握相应的维修方法。

【实训准备】

1. 场地选择:征求有关上级主管部门同意,选择一段已经出现断裂病害的水泥路面,进行调查。

2. 实训器材:照相机、钢笔、铅笔、皮尺、记录本、实训报告等。

【实训内容】

1. 纵向裂缝照片一张,并附注破损等级、破损原因及对应的维修方法。

2. 横向裂缝照片一张,并附注破损等级、破损原因及对应的维修方法。

3. 角隅断裂照片一张,并附注破损等级、破损原因及对应的维修方法。

4. 交叉断裂照片一张,并附注破损等级、破损原因及对应的维修方法。

【实训报告】

实习结束后,每小组交实训报告一份。

单元 3.2　水泥混凝土路面接缝类病害养护维修

知识导入　水泥混凝土路面病害形式很多,为了便于对病害成因进行分析、研究,制定出合理的预防对策,探讨维修和治理措施,《公路水泥混凝土路面养护技术规范》(JTJ 073.1—2001)中把病害分为四大类:断裂类、接缝类、竖向位移类和表层类。

本单元学习接缝类病害的养护维修方法。

3.2.1　初识接缝病害

一、接缝病害的类型

水泥混凝土路面板接缝处的病害,按损坏的形态和影响范围可分为下列 6 种:

(1)接缝填缝料损坏;

(2)纵向接缝张开;

(3)唧泥和板底脱空;

(4)错台;

(5)接缝碎裂;

(6)拱起。

二、接缝病害分级

1. 接缝填缝料损坏

按填缝料出现老化、挤出、缺损的情况,可分为3个轻重程度等级。

(1)轻微——整个路段接缝填缝料情况良好,仅有少量接缝出现上述损坏。

(2)中等——整个路段接缝填缝料情况尚可,1/3以下的接缝长度出现上述损坏,水和硬质材料易渗入或挤入。

(3)严重——接缝填缝料情况很差,1/3以上的接缝长度出现上述损坏,水和硬质材料能自由渗入或挤入,填缝料需立即更换。

2. 纵向接缝张开病害

按接缝的张开量可分为2个轻重程度等级。

(1)轻微——接缝张开10mm以下。

(2)严重——接缝张开10mm以上。

3. 唧泥和板底脱空病害

可分为2个轻重程度等级。

(1)轻微——车辆驶过时,有水从板缝或边缘外唧出,或者在板接(裂)缝或边缘的邻近表面残留有少量唧出材料的沉淀物。

(2)严重——在板接(裂)缝或边缘的表面残留有大量唧出材料的沉淀物,车辆驶过时,板有明显的颤动和脱空感。

4. 错台病害

按相邻板边缘的高差大小可分为3个轻重程度等级。

(1)轻微——错台量小于5mm。

(2)中等——错台量为5~10mm。

(3)严重——错台量大于10mm。

5. 接缝碎裂病害

按碎裂范围和程度可分为3个轻重程度等级。

(1)轻微——碎裂仅出现在接缝或裂缝两侧8cm范围内,尚未采取临时修补措施。

(2)中等——碎裂范围大于8cm,部分碎块松动或散失,但不影响安全或危害轮胎。

(3)严重——影响行车安全或危害轮胎。

6. 拱起病害

按其对行车的影响可分为下列3个轻重程度等级。

(1)轻微——车辆以限速驶过时仅引起无不舒适感的轻微跳动。

(2)中等——车辆驶过时有产生不舒适感的较大跳动。

(3)严重——车辆驶过时产生过大的跳动,引起严重不舒适或不安全。

3.2.2 形成接缝病害的原因

一、接缝碎裂和填缝料损坏

混凝土常见的接缝分为纵缝和横缝。横缝又分为胀缝（真缝）和缩缝（假缝）两种。胀缝的宽度随着气温而变化，当气温上升时缝中的填料被挤出；当气温下降时性能较差的填缝料不能恢复，使得缝中形成空隙，因而泥沙、石屑等杂物侵入，成为板块伸胀时的障碍；雨水雪水沿着空隙渗入，损坏基层和接缝；填缝料老化，也会造成像胀缝一样的后患；施工、养护不规范，切缝不及时或没有达到规定深度，也是造成接缝损坏的原因之一，如图3.2.1所示。

填缝料损坏主要是由于填料脆裂、老化、挤出并与板边脱落造成，质量较差的填缝料，短时间内就会发生填缝料损坏现象，如图3.2.2所示。

图3.2.1　横缝轻度剥落

图3.2.2　接缝填缝料损坏

二、纵缝张开

路面板的纵缝因为没有设置拉杆，或者拉杆数量不足，或者拉杆损坏而造成纵向接缝两侧板块分离3mm以上，就是纵缝张开的病害了，如图3.2.3所示。

三、唧泥和板底脱空

接缝的填缝料失效，雨水渗入基层使其软化，在轮载的频繁作用下产生塑性变形累积而使板底脱空，这时积水在轮载通过时成为有压力水，并与基层细料混合成为泥浆，从缝隙中唧出来，就形成了唧泥现象。唧泥使得板边缘的基础部分失去支承能力，在轮载重复作用下最终导致板的断裂，使板产生局部沉陷，并且污染了路面，如图3.2.4所示。

图3.2.3　纵缝张开

四、错台

接缝处相邻板块产生垂直高差。在浇筑混凝土板的时候，胀缝的填缝板没有牢固固定，在振捣中被振歪，使得缝壁倾斜，或者接缝的上部填缝料没有与下部的填缝板对齐，两个板在伸胀挤压过程中形成错台，当接缝没有设置传力杆、传荷能力不足或雨水通过接缝渗入基层产生唧泥使接缝板产生不均匀下沉，以及因为温度和湿度梯度的作用，板的接缝处产生翘曲都可能引起板的错台，如图3.2.5所示。

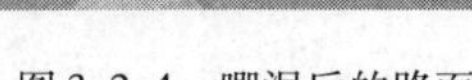

图3.2.4 唧泥后的路面

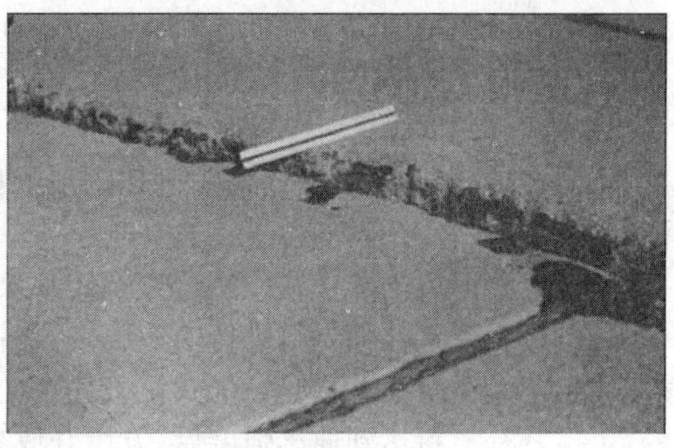

图3.2.5 错台

五、拱起

拱起是横缝两侧板体发生明显抬高的现象。通常多由接缝被硬物阻塞或胀缝构造设置不当致使板在气温升高时不能自由伸胀所引起的。

3.2.3 养护维修方法

一、接缝填缝料损坏维修

(1)用小扁凿或清缝机具清除旧的填缝料和杂物，并将缝内灰尘吹净。

(2)接缝作胀缝修理时，先将热沥青涂刷缝壁，再将接缝板压入缝内。对接缝板接头及接缝板与传力杆之间的间隙，必须用沥青或其他填缝料填实抹平。上部用嵌缝条的应及时嵌入嵌缝条。

(3)用加热式填缝料修补时，必须将填缝料加热至灌入温度，滤去杂物，倒入嵌缝机填灌。在填缝的同时，用铁钩来回钩动，以增加填缝料与缝壁的黏结和填灌的饱满。在气温较低季节施工时，应先用喷灯将接缝预热。

(4)用常温式填缝料修补时，除无需加热外，其施工方法与加热式填缝料相同。

(5)填缝料的技术要求与施工质量验收标准，应符合现行的《公路水泥混凝土路面养护技术规范》(JTJ 073.1—2001)和《公路水泥混凝土路面施工技术规范》(JTG F30—2003)的规定。

二、纵向接缝张开维修

(1)当相邻车道面板横向位移，纵向接缝张开宽度在10mm以下时，采取聚氯乙烯胶泥、焦油类填缝料和橡胶沥青等加热施工式填缝料。

(2)当相邻车道板横向位移，纵向接缝张口宽度在10~15mm时，采取聚氨酯类常温施工式填缝料进行维修。

①维修前应清除缝内杂物和灰尘。

②应按材料配比配制填缝料。

③宜采用挤压枪注入填缝料。

④填缝料固化后,方可开放交通。

(3)当纵向接缝张口宽度在15mm以上时,采用沥青砂填缝。

三、接缝出现碎裂

(1)在破碎部位外缘,用切割机切割成规则图形,其周围切割面应垂直于面板,底面宜为平面,如图3.2.6所示。

(2)清除混凝土碎块,吹净灰尘杂物,并保持干燥状态。

(3)用高模量补强材料进行填充维修,其材料技术性能应符合现行《公路水泥混凝土路面养护技术规范》(JTJ 073.1—2001)的规定。

(4)修补材料达到通车强度后,方可开放交通。

四、板块脱空

(1)水泥混凝土面板脱空位置的确定可采用弯沉测定法。

①用5.4m长杆弯沉仪及相当于BZZ-100重型标准汽车。

②弯沉仪的测点与支座不应放在相邻的两块板上,待弯沉车驶离测试板块,方可读取百分表值。

③凡弯沉超过0.2mm的,应确定为面板脱空。

(2)水泥混凝土路面板和基层之间由于出现空隙而导致路面沉陷的,可采用沥青灌注或者水泥浆、水泥粉煤灰浆和水泥砂浆灌浆等方法进行板下封堵。

①沥青灌注法:

a. 灌浆孔的布置如图3.2.7所示。

图3.2.6 接缝破碎

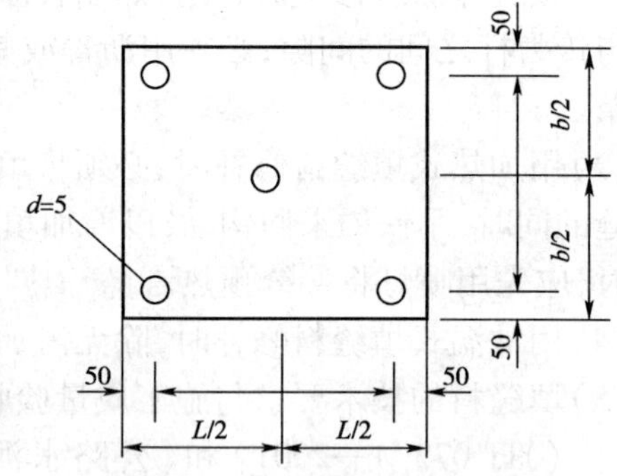

图3.2.7 灌浆孔布置(尺寸单位:mm)

d-灌浆孔直径;*L*-板长;*b*-板宽

灌浆孔布设应根据路面板的尺寸、下沉量大小、裂缝状况以及灌浆机械确定。用凿岩机在路面上打孔,孔的大小应和灌注嘴的大小一致,一般为50mm左右。灌浆孔与面板边的距离不应小于0.5m。在一块板上,灌浆孔的数量一般为5个,也可根据情况确定。

b. 灌浆孔钻好后,采用压缩空气将孔中的混凝土碎屑、杂物清除干净,并保持干燥。

c. 采用建筑沥青,沥青加热熔化温度一般为180℃。

d. 沥青洒布车或专用设备的压强为 200 ~400kPa,灌注沥青压满后约 0.5min,应拔出喷嘴,用木楔堵塞。

e. 沥青温度下降后,应拔出木楔,填进水泥砂浆即可开放交通。

②水泥灌浆法:

a. 灌浆孔的布设与沥青灌注法相同。

b. 灌注机械可用压力灌浆机或压力泵,灌注压强为 1.5 ~2.0MPa。

c. 灌浆作业应先从沉陷量大的地方的灌浆孔开始,逐步由大到小。当相邻孔或接缝中冒浆,可停止泵送水泥浆,每灌完一孔应用木楔堵孔。

d. 待砂浆抗压强度达到 3MPa 时,用水泥砂浆堵孔,即可开放交通。

五、唧泥处理

(1)水泥混凝土路面唧泥病害,应采取压浆处理,其要求参照板块脱空。

(2)水泥混凝土面板进行压浆处理后,应对接缝及时灌缝,其方法同前面接缝填缝料损坏维修方法。

(3)设置排水设施基本要求:

①路面和路肩应保持设计横坡,宜铺设硬路肩。

②路面裂缝、接缝以及路面与硬路肩接缝应进行密封。

③设置纵向积水管和横向出水管。

a. 在水泥路面的外侧边缘挖一条纵向沟,宽 15 ~25cm,沟深挖至集料基层之下 15cm,横沟与纵沟的交角应在 45° ~90°之间,横沟间的距离约 30m,如图3.2.8所示。

b. 积水管一般采用 φ0.75cm 多孔塑料管,出水管为无孔塑料管。

c. 设置纵向和横向水管,并按设计的距离将积水管和出水管连接起来。

d. 纵向多孔管应包一层渗透性较强的土工织物。

e. 积水管和出水管放入沟槽时,其底部应平顺,横向出水管的坡度应大于或等于纵向排水坡度,出水管的管端应延伸到排水沟内,并设端墙。

f. 管的外围应填放粗砂等渗滤集料,并振动压实。

g. 回填渗沟时,采用与原来路肩相同的材料恢复原状。

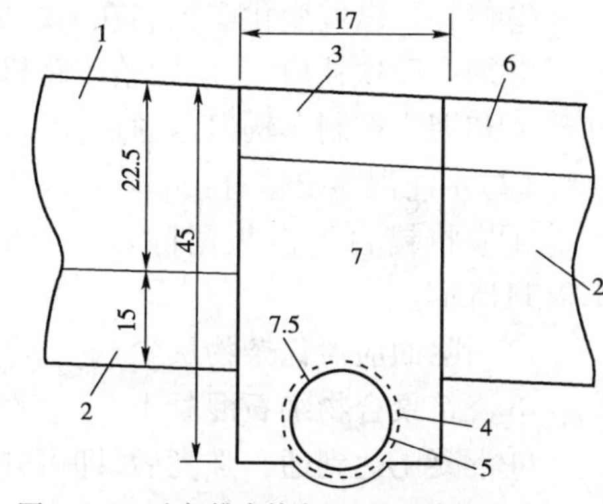

图 3.2.8 边部排水管布置图(尺寸单位:cm)

1-水泥混凝土;2-集料基层;3-沥青混凝土;4-渗滤织物;5-多孔管;6-沥青混凝土路肩;7-细渗滤集料

(4)盲沟设置基本要求:

①在沿水泥路面外侧挖纵向沟时,沟底应低于面板以下 10cm,在水泥混凝土路面接缝处挖横向沟,如图 3.2.9 所示。

②沟槽底面及外侧铺油毡隔离层,沿水泥路面交界处及盲沟顶部铺设土工布过滤层。

③盲沟内宜填筑碎(砾)石过滤材料。

④盲沟上应用相同材料恢复路面(路肩)。

六、错台

错台的处治方法有磨平法和填补法两种,可按错台的轻重程度选定。

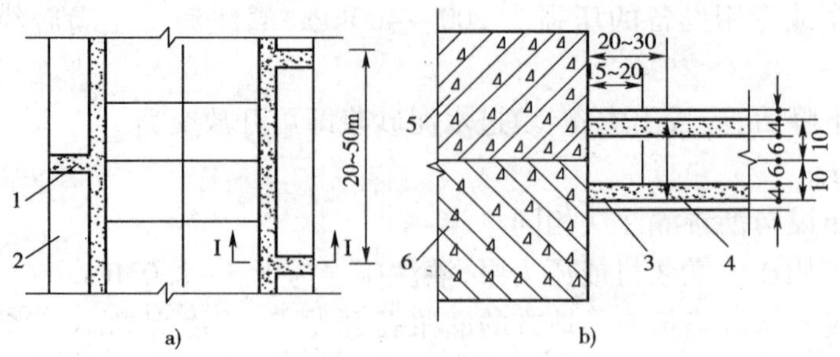

图 3.2.9　盲沟设置

a)盲沟布置图;b)盲沟构造图(尺寸单位:cm)

1-盲沟;2-路肩;3-油毡隔离层;4-石屑及中粗砂;5-面层;6-基层

1. 磨平法

高差小于等于10mm的错台,可采用磨平机磨平,或人工凿平。

①应从错台最高点开始向四周扩展,边磨边用三米直尺找平,直至相邻两块板齐平为止,如图3.2.10所示。

②磨平后,接缝内应将杂物清除干净,并吹净灰尘,及时将嵌缝料填入。

2. 填补法

高差大于10mm的严重错台,可采取沥青砂或水泥混凝土填补法处理。

(1)沥青砂填补

①在沥青砂填补前应清除路面杂物和灰尘,并喷洒一层热沥青或乳化沥青,沥青用量为0.40~0.60kg/m^2。

②修补面纵坡变化应控制在$i \leq 1\%$。

③沥青砂填补后,宜用轮胎压路机碾压。

④初期应控制车辆慢速通过。

(2)水泥混凝土修补

①应将错台下沉板凿除2~3cm深,修补长度按错台高度除以坡度(1%)计算,如图3.2.11所示。

②凿除面应清除杂物灰尘。

③浇筑聚合物细石混凝土。

④混凝土达到通车强度后,即可开放交通。

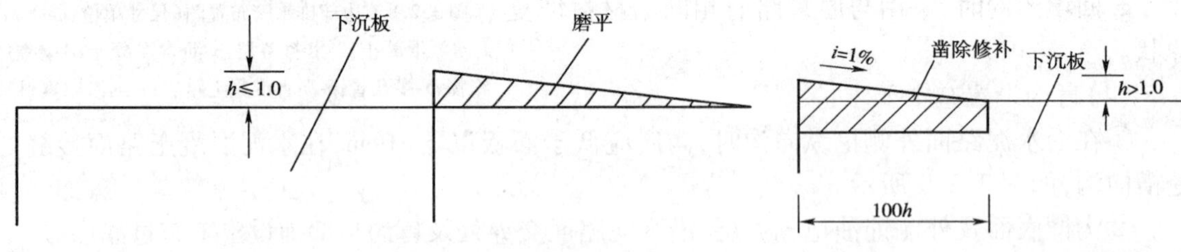

图 3.2.10　错台磨平法示意图(尺寸单位:cm)

图 3.2.11　错台填补法示意图(尺寸单位:cm)

七、拱起

拱起处理应根据具体情况,采取不同的方法进行处治。

（1）板端拱起但路面完好时，应根据板块拱起高低程度，计算要切除部分板块的长度。先将拱起板块两侧附近1～2条横缝切宽，待应力充分释放后切除拱起端，逐渐将板块恢复原位，在缝隙和其他接缝内应清缝，并灌接缝材料，如图3.2.12所示。

（2）拱起板端发生断裂或破损时，按裂缝全深度补块方法处理。

（3）拱起板两端间因硬物夹入发生拱起，应将硬物清除干净，使板块恢复原位，应清理接缝内杂物和灰尘，灌填缝料。

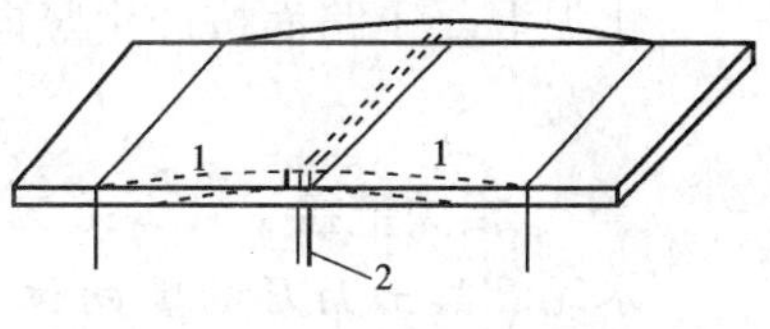

图3.2.12　板体拱起修复

1-拱起板；2-切除部分

（4）胀缝间因传力杆部分或全部在施工时设置不当，使板受热时不能自由伸长而发生拱起，应重新设置胀缝。按水泥混凝土路面有关施工规范执行，使面板恢复原状。

（5）混凝土路面板的胀起与拱起的处理方法一致。

实战演练

【实训项目】

水泥混凝土路面接缝类病害调查

【实训要求】

通过对水泥混凝土路面接缝类病害的调查，让学生学会判断6种接缝类病害，并熟练掌握相应的维修方法。

【实训准备】

1. 场地选择：征求有关上级主管部门同意，选择一段已经出现接缝类病害的水泥路面，进行调查。

2. 实训器材：照相机、钢笔、铅笔、皮尺、记录本、实训报告等。

【实训内容】

1. 接缝碎裂或接缝填缝料损坏照片一张，并附注破损等级、破损原因及对应的维修方法；

2. 纵向接缝张开照片一张，并附注破损等级、破损原因及对应的维修方法；

3. 唧泥和板底脱空照片一张，并附注破损等级、破损原因及对应的维修方法；

4. 错台照片一张，并附注破损等级、破损原因及对应的维修方法；

5. 拱起照片一张，并附注破损等级、破损原因及对应的维修方法。

【实训报告】

实习结束后，每小组提交实训报告1份。

单元3.3　水泥混凝土路面其他病害养护维修

知识导入　水泥混凝土路面病害形式很多，为了便于对病害成因进行分析、研究，制定出合理的预防对策，探讨维修和治理措施，《公路水泥混凝土路面养护技术规范》（JTJ 073.1—2001）中把病害分为四大类：断裂类、接缝类、竖向位移类和表层类。

本单元学习竖向位移类和表层类病害的维修方法。

3.3.1 水泥混凝土路面竖向位移类病害

水泥混凝土路面按产生竖向位移类病害的原因不同分为沉陷和胀起两种病害。

相关链接 什么是沉陷?

水泥混凝土面层的竖向位移,按产生原因的不同分为沉陷和胀起。沉陷是水泥混凝土路面较为严重的病害之一,它可以导致面板的错台、严重破碎以至于影响到行车安全,如图3.3.1所示。

图3.3.1 沉陷

一、沉陷和胀起病害的分级

沉陷和胀起病害,按其对行车的影响可分为下列3个轻重程度等级。

①轻微——车辆以限速驶过时仅引起无不舒适感的轻微跳动。

②中等——车辆驶过时有产生不舒适感的较大跳动。

③严重——车辆驶过时产生过大的跳动,引起严重不舒适或不安全。

二、产生沉陷的原因

(1)路面基层稳定性不够,强度不均匀,造成混凝土板块不均匀下沉。

(2)排水设施不完善,地面水渗入基层,导致基层强度减弱、唧泥、板严重破碎,从而造成面板沉陷。

相关链接 “五纵七横”是我国规划建设的以高速公路为主的公路网主骨架,总里程约3.5万公里。“五纵”指同江—三亚、北京—珠海、重庆—北海、北京—福州、二连浩特—河口;“七横”指连云港—霍尔果斯、上海—成都、上海—瑞丽、衡阳—昆明、青岛—银川、丹东—拉萨、绥芬河—满洲里。

三、维修方法

(1)沉陷处理要设置排水设施,方法和唧泥处理时设置排水设施相同。

(2)面板顶升法:

①在顶升水泥混凝土路面板之前,应该用水准仪测量下沉板的下沉量,测站与下沉处距离应大于50m,并绘出纵断面,求出升起值。

②在每块混凝土面板上钻孔,钻出两行垂直的、直径为3cm的透孔,孔的距离约为1.0m,孔深应略大于板厚2cm。

③板块顶升宜采用起重设备或千斤顶,灌注材料可采用水泥砂浆。在路面板升起前,将所有孔用木塞堵好,一孔一孔地灌砂浆。砂浆灌好后应拔出木楔,用高强水泥砂浆堵孔。

④压浆材料的抗压强度达到6MPa时,方可开放交通。

(3)当水泥混凝土整板沉陷并产生破碎时,应整板翻修。

3.3.2 水泥混凝土路面表层类病害

一、病害种类

水泥混凝土路面表层损坏可分为下列5种病害:

(1)磨损和露骨(图3.3.2);

(2)纹裂、网裂和起皮(图3.3.3);

图3.3.2 磨损和露骨

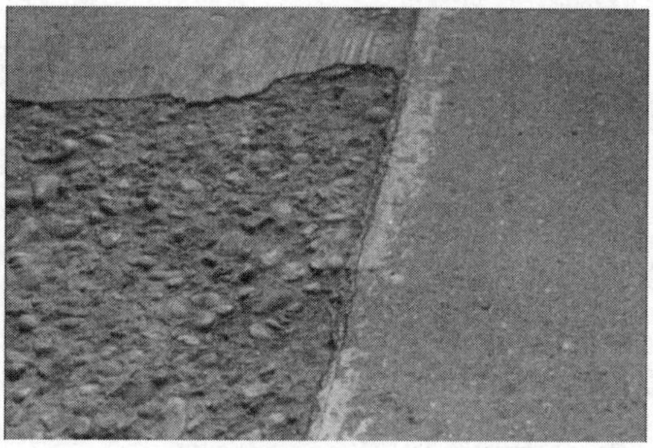

图3.3.3 起皮

(3)活性集料反应引起的网裂;

(4)粗集料冻融裂纹;

(5)坑洞。

二、病害分级

1. 磨损和露骨病害

按磨损和露骨的深度分为2个轻重程度等级。

(1)轻微——磨损、露骨深度小于等于3mm;

(2)严重——磨损、露骨深度大于3mm。

2. 纹裂、网裂和起皮病害

按是否出现起皮和起皮病害的面积,可分为3个轻重程度等级。

(1)轻微——板的大部分面积出现纹裂或网裂,但表面状况良好,无起皮;

(2)中等——板出现起皮,面积小于等于混凝土板面积的10%;

(3)严重——板出现起皮,面积大于混凝土板面积的10%。

3. 活性集料反应引起的网裂病害

可分为3个轻重程度等级。

(1)轻微——板出现网裂,面层可能变色,但未出现起皮和接缝碎裂;

(2)中等——出现起皮和(或)接缝碎裂,沿裂缝和接缝有白色细屑;

(3)严重——出现起皮和(或)接缝碎裂的范围发展到影响行车安全或危害轮胎,路表面有大量白色细屑。

4. 粗集料冻融裂纹病害

可分为3个轻重程度等级。

(1)轻微——裂纹出现在缝或自由边附近0.3m范围内,缝未发生碎裂;

(2)中等——裂纹出现在缝或自由边附近,范围大于0.3m,受影响区内缝出现轻微或中等碎裂;

(3)严重——裂纹影响区内裂缝出现严重碎裂,不少材料散失。

5. 坑洞病害

坑洞病害不分轻重程度等级。

三、剥落、露骨的维修

表面起皮(剥落、露骨)处治,应根据公路等级和表面破损程度,采取不同的材料和施工方法进行:

(1)一般公路水泥混凝土板表面起皮(剥落、露骨),采用稀浆封层加以处治;

(2)高速公路水泥混凝土板表面起皮(剥落、露骨),采用改性沥青稀浆封层或沥青混凝土加以处治;

(3)对于较大面积的水泥混凝土面板表面起皮(剥落、露骨),采取稀浆封层及沥青混凝土罩面措施。

四、坑洞的维修

水泥混凝土路面坑洞的产生,主要是粗集料脱落或局部振捣不密实等原因导致的。坑洞尽管对行车影响不大,但对路面的外观和表面功能都有较大的影响,因此,应根据实际情况采取相应措施进行修补。

1. 对路面板个别坑洞的修补

(1)用手工或机械将坑洞凿成矩形的直壁槽;

(2)用压缩空气把槽内的混凝土碎块及尘土吹净;

(3)用海绵块沾水后湿润坑洞,不得使洞内积水;

(4)用高强度等级水泥砂浆等材料填补,并达到平整密实。

2. 对路面板多坑洞的修补

对较多坑洞且连成一片的,应采取薄层修补方法进行修补。

(1)画出与路中心线平行或垂直的修补区域图形;

(2)用切割机沿修补图形边线切割6cm深的槽,底面基本平整,并将切割面内的光滑面凿毛;

(3)用压缩空气吹净槽内的混凝土碎块及尘土;

(4)按原来混凝土配合比设计配置混凝土,并添加早强剂;

(5)将拌和的混凝土填入槽内,振捣密实,并保持与原混凝土面板齐平;

(6)喷洒养护剂养生;

(7)待混凝土达到通车强度后,方可开放交通。

3. 大面积坑洞路面板的修补

低等级公路对面积较大、深度在3cm以内、成片的坑洞,可用沥青混凝土进行修补。

(1)用风镐凿出一个处治区,其图形边线应与路中心线平行或垂直;

(2)凿除深度以2~3cm为宜,并清除混凝土碎屑;

(3)铺筑沥青混凝土前,应将凿出的槽底面和槽壁洒粘层沥青,其用量为0.4~0.6kg/m^2;

(4)沥青混凝土应碾压密实平整;

(5)待沥青混凝上冷却后,控制车速通车。

实战演练

【实训项目】

水泥混凝土路面竖向位移类病害和表层类病害调查。

【实训要求】

通过对水泥混凝土路面竖向位移类病害和表层类病害的调查,让学生学会判断竖向位移类病害和表层类病害,并熟练掌握相应的维修方法。

【实训准备】

1. 场地选择:征求有关上级主管部门同意,选择一段已经出现竖向位移类病害和表层类病害的水泥路面,进行调查。

2. 实训器材:照相机、钢笔、铅笔、皮尺、记录本、实训报告等。

【实训内容】

1. 沉陷照片一张,并附注破损等级、破损原因及对应的维修方法;

2. 磨损和露骨照片一张,并附注破损等级、破损原因及对应的维修方法;

3. 纹裂、网裂、起皮照片一张,并附注破损等级、破损原因及对应的维修方法;

4. 坑洞照片一张,并附注破损等级、破损原因及对应的维修方法。

【实训报告】

实训结束后,每个实习小组提交实训报告1份。

学习情境 4

桥隧养护维修

情境导入

桥隧的养护维修是比新建桥隧更为复杂的系统工程，它涉及病害诊断、改造决策分析、总体方案设计、材料与方法的选择、管理和施工等多方面学科问题。

学习目标

【知识目标】 完成本学习情境的学习，学生应该掌握桥隧结构养护的基本知识、养护方法及加固方法。

【能力目标】 学生能够用所学的养护与加固知识，对实际中的桥隧结构进行养护方案制订与实施。

单元4.1　桥梁上部结构养护基本知识

知识导入　桥梁是公路畅通的咽喉。近年来,我国桥梁建设取得了举世瞩目的发展,然而随着交通事业的发展和在役桥梁使用年限的增加,桥梁的病害问题日益突出。为了保证桥梁经常处于完好的技术状态,延长其使用年限,满足承载能力和通行能力的要求,必须对桥梁进行养护维修。

4.1.1　桥梁养护工作的主要内容和基本要求

桥梁是交通事业不可缺少的重要组成部分,直接影响着行车的安全和顺畅。为了保证桥梁处于完好的状态,满足承载能力和通行能力的要求,必须对桥梁进行养护和维修。

一、主要内容

(1)技术状况检查;
(2)建立和健全完善的桥梁技术档案;
(3)桥梁构造物的安全防范;
(4)桥梁构造物的经常保养、维修和加固。

二、基本要求

桥梁建成以后,为了适应公路交通运输的发展,保持正常运营,桥梁的养护与维修要满足以下基本要求:

(1)建立健全公路桥梁的检查、评定制度。对桥梁进行周期性检查,系统地掌握技术情况,及时发现缺损和相关环境的变化,按检查结果,对桥梁状况进行分析评定,制订相应的养护方案进行实施。

(2)建立公路桥梁管理系统和公路桥梁数据库,实施桥梁病害监控,实行科学决策,逐步建立特大桥梁荷载报警系统,地震、洪水等灾害的预防决策系统。

(3)桥梁养护的质量要求:保持桥梁外观整洁、桥面坚实平整、横坡适度、行车舒适、排水顺畅,构件完好无损,标志齐全明显。

(4)新建和改建的桥梁交工接养,要有完备的交接手续,并提供成套的技术数据。特大桥和大桥应配置养护设施,设置养护通道。

(5)桥梁养护过程中要制订应对突发洪水、地震等灾害的应急方案,包括交通应急方案。

(6)养护工程实施过程中要注意保障人员车辆的安全,并注意环境保护。

三、技术政策和原则

和其他交通工程的实施一样,养护工程的实施要遵循一定的技术政策和原则,以保证桥梁养护的质量和技术连贯性。桥梁养护应遵循的技术政策有:

(1)贯彻“预防为主,防治结合”的方针,结合具体情况,通过检测和科学的分析,预作防范,消除导致桥梁损坏的因素,增强桥梁的耐久性和抗灾能力。

(2)执行《公路桥涵养护规范》(JTG H11—2004)和《公路桥梁养护管理工作制度》,加强桥梁的检查、维修,杜绝危桥的存在,及时处理险桥。

(3)推广应用先进的养护技术和科学的管理方法,改善养护手段,提高养护水平。

(4)养护工程设计应符合《公路工程技术标准》(JTG B01—2003)、《公路桥涵设计规范》(JTG DB—2004),施工时遵守有关施工技术规范,保障车辆行人安全。

(5)加强以桥面养护为中心,以承重结构养护为重点的全面养护。

(6)重视环境保护,保护河道自然平衡,保护景观,防止环境污染。

4.1.2 桥梁检查

一、分类及内容

桥梁检查分为经常检查、定期检查和特殊检查三种。

1. 经常检查

经常检查以直接目测为主,配合简单工具测量,一般可以和桥梁的小修保养工作结合进行,每月至少一次。经常检查的项目和内容包括:

(1)桥面是否平整、有无损坏。

(2)桥面泄水管是否损坏、堵塞。

(3)桥面是否清洁,有无杂物堆积,杂草生长。

(4)栏杆扶手、引道护栏是否断裂、撞坏、锈蚀。

(5)伸缩缝是否填塞、破损、失效。

(6)交通信号标志是否完好。

(7)其他显而易见的损坏(病害)。

经常检查要当场填写“桥梁经常检查记录表”(表4.1.1),登记所检查项目和缺损情况,

桥梁经常检查记录表 表4.1.1

养护管理单位					
路线编号		路线名称		桥位桩号	
桥梁编号		桥梁名称		养护单位	
部件名称	缺损类型	缺损范围		养护意见	
桥面铺装					
桥头跳车					
伸缩缝					
泄水孔					
桥面清洁					
人行道、缘石					
栏杆、护栏					
照明、灯柱					
支座					
桥头排水沟					
桥头人行台阶					
其他					
负责人		记录人		检查日期	

估计缺损范围及养护工程量，提出相应的保养措施。如果经常检查时发现重要部位存在明显缺损，应及时上报。

2. 定期检查

定期检查是评定桥梁的使用功能，主要以目测结合仪器检查，对桥梁各部分进行详细检查，并要安排在有利于检查的气候条件下进行。一般检查周期为 3 年，对于新建桥梁为接养后 1 年。在经常检查中，发现重要部件缺损明显达到三类以上的，应立即安排定期检查。

定期检查的具体内容详见《公路桥涵养护规范》(JTG H11—2004)。

定期检查应做好以下几项工作：

(1)现场校核桥梁基本数据。

(2)当场填写“桥梁定期检查记录表”(表 4.1.2)。

(3)实地判断缺损原因，确定维修范围及方式。

(4)对难以判断缺损原因的，要向上级部门提出特殊检查要求。

(5)对损坏严重的危桥，提出限制交通或者改建的建议。

(6)根据桥梁技术状况，确定下次定期检查的时间。

桥梁定期检查记录表 表 4.1.2

养护管理单位							
1. 路线编码			2. 路线名称		3. 桥位桩号		
4. 桥梁编码			5. 桥梁名称		6. 穿通道名		
7. 桥长(m)			8. 主跨结构		9. 最大跨径		
10. 管养单位			11. 建成年月		12. 上次大中修日期		
13. 上次检查日期			14. 本次检查日期		15. 气候		
16. 部件号	17. 部件名称	18. 评分(0~5)	19. 特别检查	20. 维修范围	21. 维修方式	22. 维修时间	23. 费用(元)
1	支座						
2	上部承重构件						
3	桥面铺装						
4	伸缩缝						
5	人行道						
6	栏杆、护栏						
7	照明、标志						
8	排水设施						
9	调治构造						
10	其他						
24. 总体状况评定等级			25. 全桥清洁状况评分		26. 保养、小修状况评分		
27. 经济性养护建议							

续上表

28. 记录人		29. 负责人		30. 下次检查时间	
31. 缺损说明					
部件号	部件名称	缺损位置	缺损状况 （类型、性质、范围、程度）	照片或图片 （编号/年）	
1	支座				
2	上部承重构件				
3	桥面铺装				
4	伸缩缝				
5	人行道				
6	栏杆、护栏				
7	照明、标志				
8	排水设施				
9	调治构造				
10	其他				

3. 特殊检查

特殊检查是采用仪器设备等特殊手段和科学方法分析桥梁的病害原因、破坏程度、承载能力、抗灾能力，确定桥梁的技术状态，以采取相应的加固改造措施。一般在下列四种情况下作特殊检查：

(1)在地震、洪水、滑坡、超重车辆行驶及行船或重大漂浮物撞击之后。

(2)决定对单一的桥梁进行改造、加固之前。

(3)桥梁定期检查难以判明损坏原因、程度及整座桥的技术情况时。

知识链接 当对桥梁实施检查后难以判明损坏的原因及程度，也无法判明整座桥梁的技术状况时，应进行特殊检查。检查的项目有：

①结构验算、水文验算；

②静载、动载试验；

③用精密仪器对病害进行现场调查和实验室分析。

(4)桥梁技术状况规定为四类者，具体评定标准见后面章节。

特殊检查还可以分为专门检查和应急检查。

(1)专门检查：根据经常检查和定期检查的结果，对需要进一步判明损坏原因、缺损程度或使用能力的桥梁，针对病害进行专门的现场试验检测、验算与分析等鉴定工作。

(2)应急检查：当桥梁受到灾害性损伤后，为了查明破损状况，采取应急措施，组织恢复交通，对结构进行详细检查和鉴定工作。

另外，特殊检查要清晰地对以下几个问题做出鉴定：

(1)桥梁结构材料的缺损状况：包括材料物理、化学性能退化程度及原因的测试鉴定；结构或构件开裂状态的检测及评定。

(2)桥梁结构承载能力：包括对结构强度、稳定性和刚度的验算、试验和鉴定；静载动载试验。

(3)桥梁的防灾能力：包括桥梁抵抗洪水、流水、风、地震及其他地质灾害能力的检测鉴定。

二、桥梁上部结构的重点检查部位

在进行桥梁结构检查时，应着重点检查易破坏和主要承重结构。具体的桥梁上部结构的重要检查部位见表4.1.3。

桥梁上部结构的重点检查部位 表4.1.3

结构形式	重点部位
简支梁	1.跨中处； 2.1/4跨径处； 3.支座处
连续梁、悬臂梁(有铰)	1.跨中处； 2.反弯点(约1/3跨径处)； 3.桥墩梁顶处； 4.支座处
刚架	1.跨中处； 2.角隅处； 3.腿部

4.1.3 桥梁评定

一、桥梁评定的分类

桥梁的评定分为一般评定和适应性评定。

(1)一般评定是依据桥梁定期检查资料，通过对桥梁各部件技术状况的综合评定，确定桥梁的技术状况等级，提出各类桥梁的养护措施。

(2)桥梁的适应性评定包括以下内容：依据桥梁定期及特殊检查资料，结合试验与结构受力分析，评定桥梁的实际承载能力、通行能力、抗洪能力，提出桥梁养护、改造方案。

其中，一般评定由负责定期检查者进行，适应性评定应委托有相应资质及能力的单位进行。

二、桥梁的一般评定

全桥总体技术状况登记评定，宜采用考虑桥梁各部件权重的综合评定方法，亦可按重要部件最差的缺损状况评定，或对照《公路桥涵养护规范》(JTG H11—2004)桥梁技术状况评定标准进行评定。

桥梁各部件技术状况的评定方法如下：

(1)根据缺损程度(大小、轻重、多少)、缺损对结构使用功能的影响程度(无、小、大)和缺损发展变化状况(趋向稳定、发展缓慢、发展较快)三个方面，以累加评分方法对各部件缺损状况做出等级评定，评定方法见表4.1.4。

(2)重要部件(如上部承重构件)以其中缺损最严重的构件评分，其他部件根据多数构件缺损状况评分。

(3)推荐的各部件权重表见表4.1.5。各地区可根据本地区的环境条件和养护要求，采用专家评估法修订各部件的权重。

三、桥梁的适应性评定

对桥梁的承载能力、通行能力、抗洪能力应周期性地进行评定，评定周期一般为3~6年，评定工作可与桥梁的定期检查、特殊检查结合进行。

桥梁部件缺损状况评定方法 表 4.1.4

缺损状况及标度			组合评定标准					
缺损程度及标度		程度	小→大 少→多 轻度→严重					
		标度	0	1	2			
缺损对结构使用功能的影响程度	无,不重要	0				0	1	2
	小,次要	+1				1	2	3
	大,重要	+2				2	3	4
以上两项评定组合标度			0	1	2	3	4	
缺损发展变化状况的修正	趋向稳定	-1			0	1	2	3
	发展缓慢	0			1	2	3	4
	发展较快	+1		1	2	3	4	5
最终评定结果			0	1	2	3	4	5
桥梁技术状况及分类			完好	良好	较好	较差	差的	危险
			一类		二类	三类	四类	五类

注:“0”表示完好状态,或表示没有设置的构造部件。当缺损程度标度为“0”时,不再进行叠加。“5”表示危险状态,或表示原未设置,而调查表明需要补设的部件。

推荐的桥梁各部件权重及综合评定方法 表 4.1.5

序号	部件名称	权重 W_i	桥梁技术状况评定方法
1	支座	3	(1)综合评定采用下列计算式: $D_r = 100 - \sum_{i=1}^{n} R_i W_i / 5$ 式中:R_i——按表 4.1.4 方法对各部件确定评定标度(0~5); W_i——各部件权重,$\sum W_i = 100$; D_r——全桥结构技术状况评分(0~100),评分高表示结构状况好,缺损少。 (2)评定分类采用下列界限: $D_r \geqslant 88$ 一类 $88 > D_r \geqslant 60$ 二类 $60 > D_r \geqslant 40$ 三类 $40 > D_r$ 四类、五类 $D_r \geqslant 60$ 的桥梁,并不排除其中有评定标度 $R_i \geqslant 3$ 的部件,仍有维修的需求
2	上部主要承重构件	20	
3	上部一般承重构件	5	
4	桥面铺装	1	
5	桥头与路堤连接部	3	
6	伸缩缝	3	
7	人行道	1	
8	护栏、栏杆	1	
9	灯具、标志	1	
10	排水设施	1	
11	调治构造物	3	
12	其他	1	

承载能力、通行能力的评定一般采用现行荷载标准及交通量,也可考虑使用期预测交通量。承载能力、通行能力评定方法见《公路旧桥承载力评定规程》。抗洪能力评定要求见《公路桥涵养护规范》。

4.1.4 桥梁养护工程的分类

桥梁的养护按其工程性质、规模大小、技术难易程度划分为日常养护、小修、中修、大修、改建和专项工程等六类。

一、日常养护

日常养护应该作为一种经常性的、普遍性的工作来做，其内容主要包括：清除表面污垢；修补混凝土空洞、破损、剥落、表面风化及裂缝；清除暴露钢筋的锈渍、恢复保护层；处理各种横、纵向构件的开裂、开焊和锈蚀。

桥梁上部结构构件的污垢宜用清水冲刷，不得使用有腐蚀性的化学清洗剂。

二、小修保养工程

1. 保养

对公路桥涵及其附属结构物进行预防性工作，主要包括以下内容：

(1)清除污泥、积雪、杂物，保持桥面清洁；

(2)养护伸缩缝，疏通泄水孔，对栏杆刷油漆。

2. 小修

对桥梁上部结构的轻微损坏进行修补，使其保持完好状态的工程。小修的内容包括：局部修理，更换栏杆，修理泄水孔、伸缩缝及桥面局部轻微破坏。

三、中修工程

对公路桥涵及其附属结构物一般性磨损和局部损坏进行定期的修理加固，以恢复原状况的小型工程项目。中修的内容主要包括：

(1)修理、更换中小桥的伸缩缝及个别构件；

(2)大、中型刚桥的全面油漆防锈和各部构件的检修；

(3)小桥桥面的加宽。

四、大修工程

对桥涵及附属结构物的较大损坏进行周期性的综合修理，以全面恢复到原设计标准的技术状况，或在原技术等级范围内进行局部改善和个别增减，以逐步提高其通行能力的工程项目，如：

(1)不提高公路等级的大中型桥梁加固、加宽、加高；

(2)增改建小型桥梁和技术性简单的中桥；

(3)吊桥、斜拉桥的修理与个别索的调整更换；

(4)大桥桥面铺装的更换；

(5)大桥伸缩缝的修理、更换。

五、改建工程

对桥涵及附属构造物因不适应交通量、荷载、泄洪要求而提高技术等级，或因公路局部改

移需要重建,或为了显著提高通行能力而进行的较大型的工程项目,如:

(1)提高公路等级的大中型桥梁的加固、加宽、加高;

(2)增改建小型立体交叉桥和10km以内整段改善的大中桥梁。

六、专项工程

专项工程分为专项抢修工程和专项修复工程。专项抢修工程是指采用临时性措施在最短时间内恢复交通的工程措施;专项修复工程是指采用永久性措施恢复桥涵原有的功能。对于阻断交通的桥涵修复工程,应优先安排。

4.1.5 桥梁上部结构养护的对策

对于一般评定划定的各类桥梁,分别采取不同的养护措施:一类桥梁进行正常保养;二类桥梁需进行小修;三类桥梁需进行中修,并酌情进行交通管制;四类桥梁需进行大修或改造,及时进行交通管制,如限载、限速通过,当缺损较严重时应关闭交通;五类桥梁需要进行改建或重建,及时关闭交通。

对于适应性不能满足要求的桥梁,应采取提高承载力、加宽、加长等改造措施。若整个路段有多座桥梁的适应性不能满足,应结合路线改造进行方案比较和决策。

4.1.6 桥梁的维修与加固

桥梁维修加固总体方案设计是影响加固工程全局的战略性问题,要分清加固性质、明确加固目的、注意多种维修加固技术的综合利用。

对桥梁进行维修加固,一般可采用以下步骤:

(1)检查桥梁上部结构的现状及损坏情况;

(2)调查桥梁的有关技术资料和现有交通状况;

(3)提出维修加固的方案,并进行分析比较;

(4)确定方案并进行维修加固施工。

单元4.2 桥梁上部结构养护与维修

知识导入 桥跨结构是桥梁的主要承重结构,除直接承受车辆荷载的作用外,还长期暴露在自然界中。当桥跨结构出现缺陷,长期受到自然界各种因素的影响,势必会扩大、加深、发展,甚至危及整个桥梁的安全。因此,发现桥跨结构出现缺陷后,必须及时进行调查研究,分析缺陷的产生原因、现状、发展趋势,以及桥梁遭受破坏的程度,对使用的影响等,及时采取措施进行维修加固。

4.2.1 桥面系的养护与维修

为了保证行车的舒适和安全,对桥面系进行养护维修是十分必要的。桥面系的养护对象包括：桥面铺装，排水系统，人行道、栏杆、护栏、防撞墙，伸缩装置，标志、标线和交通安全设施。

一、桥面铺装

桥面铺装是车辆直接作用的部分，其主要功能有三个方面：防止车辆轮胎或履带直接磨耗桥面板、保护主梁免受雨水侵蚀、分布车轮的集中荷载。因此，桥面铺装的好坏直接影响着行车的舒适、畅通、安全，是桥梁日常养护工作的重点，必须认真做好桥面铺装的日常养护工作。

1. 材料

桥面铺装的材料主要有水泥混凝土和沥青类材料两种。由于使用材料的不同，缺陷形式也不一样。沥青类铺装层的缺陷主要有：泛油、松散、露骨、裂缝、高低不平、产生跳车；普通水泥混凝土铺装层的主要缺陷有：磨光、裂缝、脱皮、露骨、高低不平。

2. 内容

桥面铺装的日常养护工作包括以下内容：

(1)经常清扫桥面，保持桥面清洁完整和有一定的路拱。桥面在雨后应随时将积水排到泄水管排除，冬季结冰或下雪后应及时清除桥面上的冻块或积雪。严禁在桥面上堆置杂物，要及时检查桥面防水层是否损坏，如损坏应及时修复。

(2)沥青类桥面铺装层出现缺陷后，应及时处理，经常保持桥面完好平整。当损坏面积较小时，可局部修补；损坏面积较大时可将整跨铺装层凿除，重铺新的铺装层。一般不应在原桥上直接加铺，以免增加桥梁恒载。

(3)水泥混凝土铺装层如有缺陷后，应采用如下方法进行维修。

①原结构凿补：将原水泥混凝土铺装层表面凿毛，使集料露出，用清水冲洗润湿，再刷上同标号的水泥砂浆，最后铺上一层4~5cm厚的水泥混凝土铺装层。

②采用黑色路面改建桥面：采用黑色路面即沥青类材料修补桥面铺装。这种方法比水泥混凝土铺装容易，且上下结合牢固，施工对交通影响小，但路面改变了原有结构形式，必须全桥加铺，否则影响美观。黑色路面修补结构可采用沥青表面处治或沥青细砂罩面，也可加铺一层2~3cm厚的沥青混凝土，采用沥青细砂时，应先刷沥青漆，使之与旧面层结合良好。当损坏面积较大时，应将原铺装层全面凿除，重筑铺装层。

(4)桥面凹凸不平，如因构件连接处沉陷不均匀引起时，可在桥下以液压千斤顶顶升，调整构件连接处高程，使其顶面具有相同高度。

二、排水系统

根据桥梁形式的不同，排水系统日常养护的工作内容有：

(1)桥面的泄水管、排水槽如有堵塞，应及时疏通，并经常保持顺通。泄水管下端应露出上部构造底面5~10cm。

(2)梁式桥的防水层损坏时，应及时进行修整，隔水层应选用隔水性好的材料，防水层铺设应在不低于5℃的气温下进行。

(3)桥面应保持1.5%~3%的横坡，以利于排水。

(4)桥头接坡纵坡坡度大于3%时，为了防止大量雨水从桥头泄入桥面，宜在桥头设置截水沟。

(5)对于城市桥梁、立交桥上设置的封闭式排水系统，应定期检查各排水管是否畅通，是否开裂或损坏,系统的设施(如抽水泵等)是否工作正常,若有堵塞应及时疏通,若有损坏应及时更换。

三、伸缩装置

目前常用的桥面伸缩缝有钢板式伸缩缝和橡胶伸缩缝两种。伸缩缝设置在桥梁端构造薄弱部位,直接承受车辆反复荷载作用,又多暴露于大自然中,受到各种自然因素的影响,因此属于易损坏的,难修补的部位,经常发生各种不同程度的缺陷。

伸缩缝出现缺陷后使车辆行使出现跳车、噪声,甚至引起交通事故,同时如果不及时修补,缺陷即会向结构主体进一步发展。因此,对桥面伸缩缝要经常注意养护,经常检查,出现破坏后要进行及时、必要的修补或者更换。

桥梁伸缩缝的日常养护工作主要有如下内容:

(1)伸缩缝应经常养护,如清除碎石、泥土杂物;拧紧螺栓,并加油保护;修理个别损坏部分等,使其发挥正常作用。若有损坏或功能失效,要及时修理或更换。

(2)早期使用的伸缩缝主要有以下类型,应经常检查其使用情况并及时进行更换。

①U 形锌铁皮伸缩缝:若锌铁皮老化、开裂、断裂,应拆除并更换为新型伸缩缝。

②钢板伸缩缝或钢梳齿板伸缩缝:应及时清除梳齿内的杂物,拧紧连接螺栓;若钢板变形、螺栓脱落、伸缩不能正常进行时应及时拆除更换。

③橡胶条伸缩缝:若橡胶条老化、脱落、固定角钢变形、松动,应及时拆除更换。

④板式橡胶伸缩缝:若橡胶板老化、预埋螺栓松脱、伸缩失效应及时更换。

(3)伸缩缝的更换要选型合理,以满足桥跨结构由于温度、混凝土收缩、徐变等引起的变形的需要,使行车平稳,不漏水。对于中小跨径桥梁,当位移量小于 80mm 时,可选用浅埋式单缘型钢伸缩缝或弹塑体伸缩缝;位移小于 50mm 时可用弹塑体填充式伸缩缝。对于大位移量桥跨结构,可选用结构性能好的大位移组合伸缩缝。

(4)维修或更换伸缩缝时,应采取相应措施维持交通,如分两半幅施工,应在伸缩缝上架设跨缝设施等;或白天使用盖板,夜间施工时禁止通行;或白天使用盖板,夜间限制车辆通行,半边施工半边开放交通的方法。总之,均要注意抓紧时间,尽量缩短工期,保证修补质量。

四、人行道、栏杆、护栏、防撞墙

栏杆、护栏、防撞墙是桥面上的安全设施,如有损坏、裂缝、变形、腐蚀,应迅速修复。人行道是行人的过桥通道,如有妨碍行走的舒适和安全等损坏,应即使修复。养护中应注意以下几点:

(1)人行道块件应牢固、完整,桥面路缘石应经常保持完好状态,若出现松动、缺损,应及时进行修整或更换。

(2)桥梁栏杆应经常保持完好状态,栏杆柱应竖立正直,扶手应无损坏、断裂,伸缩缝处的水平杆件应能自由伸缩。栏杆柱、扶手如有缺损,应及时补齐。因栏杆损坏而采用临时防护措施时,使用时间不得超过三个月。

(3)钢筋混凝土栏杆开裂严重或混凝土剥落,应凿除损坏部分,修补完整。

(4)钢质栏杆应涂漆防锈,一般每年一次。

(5)护栏、防撞墙应牢固、可靠,若有损坏应及时修理或更换,钢护栏与钢筋混凝土护栏上的外露钢构件应定期涂漆防锈,一般每年一次。

(6)桥梁两端的栏杆柱或防撞墙端面,涂有立面标记或警示标志的,应定期涂刷,一般一年一次,使油漆颜色保持鲜明。

(7)桥上灯柱应保持完好状态,如有缺损或歪斜,应及时修理、扶正,灯具损坏应及时更换,保证夜间照明。

五、标志、标线和交通安全设施

(1)桥上的交通标志应齐全、醒目、牢固,标志板应保持整洁、无裂纹和残缺,如有损坏应及时修整。

(2)交通标线应经常保持完好、清晰,定期进行标线重涂。

(3)桥上的防眩板应保持齐全、整洁,若有损坏应及时修理。

(4)桥上的防护隔离设施应完整、牢固,若有损坏应及时修理。

(5)桥上设置的航空灯、航道灯及供电线路、通信线路必须保持完好状态,如有损坏应立即修复,避雷设备要经常保持完好,接地电阻要符合要求,接地线附近禁止堆放物品,禁止挖取接地线的浮土。

另外,桥头搭板脱空、断裂或枕梁下沉引起桥路连接不顺畅,出现桥头跳车时,应进行维修处理,用于桥梁观测的标点、传感器、接线等应保持完好。如有损坏和故障,应及时维修。

4.2.2 钢筋混凝土和预应力混凝土梁桥的养护与维修

一、钢筋混凝土梁桥日常养护维修

主要内容包括:清除表面污垢,修补混凝土空洞、破损、剥落、表面风化以及裂缝,清除暴露钢筋的锈渍、恢复保护层,处理各种横、纵向构件开裂、开焊和锈蚀。

保持箱梁的箱内通风,未设通风孔的应补设,梁体的污垢宜用清水洗刷,不得使用有腐蚀性的化学清洗剂。

二、钢筋混凝土梁桥常见病害及采用的处理方法

(1)对梁(板)体混凝土的空洞、蜂窝、麻面、表面风化、剥落等,应先将松散部分清除,再用高强度等级混凝土、水泥砂浆或其他材料进行修补。新补的混凝土要密实,与原结构应结合牢固、表面平整,必须实行养生。

(2)梁体若发现露筋或保护层剥落,应先将松动的保护层凿去,并清除钢筋锈迹,然后修复保护层。如损坏面积不大可用环氧砂浆修补,如损坏面积过大可用喷射高强度等级的水泥砂浆进行修补。

(3)梁(板)体的横、纵向联结构件开裂、断裂、开焊,可采取更换、补焊、帮焊等措施修补。

(4)钢筋混凝土梁桥的裂缝处理:当裂缝的宽度大于限值及裂缝分布超出正常范围时,应作处理。钢筋混凝土梁的裂缝限值如表4.2.1所示。

当裂缝宽度在限值范围内时,可进行封闭处理,一般涂刷环氧树脂胶。

当裂缝宽度大于限值规定时,应采用压力灌浆法灌注环氧树脂胶或其他灌缝材料。

当裂缝发展严重时，应加强观测，查明原因，按照规范的有关规定进行加固处理。

裂 缝 限 值　　表4.2.1

结构类型	裂缝种类	允许最大缝宽(mm)	其他要求
钢筋混凝土梁	主筋附近竖向裂缝	0.25	
	腹板斜向裂缝	0.30	
	组合梁结合面	0.50	不允许贯通结合面
	横隔板与梁体端部	0.30	
	支座垫石	0.50	
预应力混凝土梁	梁体竖向裂缝	不允许	
	梁体纵向裂缝	0.20	
砖、石、混凝土拱	拱圈横向	0.30	裂缝高度小于截面高度一半
	拱圈纵向	0.50	裂缝长度小于跨径的1/8
	拱波与拱肋结合处	0.20	

三、预应力混凝土梁桥常见病害

(1)混凝土表面剥落、渗水，梁角破碎、露筋，钢筋锈蚀、局部破损等。

(2)预应力钢筋束应力损失造成的病害。

(3)预应力混凝土梁出现裂缝。全预应力及部分预应力A类构件正常使用条件下不允许出现裂缝，只有B类构件允许出现裂缝，裂缝的类型除与钢筋混凝土梁桥相同的之外，还有沿预应力钢筋束的纵向裂缝，锚固区局部承压的劈裂缝。

四、空气、雨水、河流水造成的损害

空气、雨水、河流水中含有对混凝土和钢筋有侵蚀的化学成分时，应对桥梁结构进行防护。

五、钢筋混凝土构件的修补

(1)在昼夜平均气温低于5℃的冻季维修桥梁时，对修补的混凝土构件应采取保温措施，保证混凝土的凝固硬化。

(2)用于修补加固的混凝土、钢材，其强度和其他质量指标应不低于原桥材料，修补用的混凝土强度等级应比原强度等级提高一级。在pH值小于5.6的地区，所用水泥应根据环境特点采用耐酸的硅酸盐水泥、抗铝硅酸盐水泥等。

(3)受拉区修补用的混凝土宜用环氧树脂配制，受压区修补用的混凝土可用膨胀水泥配制，用水泥混凝土或砂浆修补的构件应加强养生，有条件时宜用蒸汽养生或封闭养生。

4.2.3 拱桥的养护与维修

日常养护与维修包括以下内容。

(1)经常清除表面污垢及圬工砌体因渗水而在表面附着的游离物。

(2)经常疏通泄水管孔，保持桥面及实腹拱拱腔排水畅通。如发现拱桥桥面漏水应及时修补，空腹拱的主拱圈若发现渗水，应对拱背进行清理，清除可能导致积水的残渣、堆积物等，

并用砂浆等材料抹平或堵塞裂缝。实腹拱若发现主拱圈渗水,应检查拱腔排水系统,必要时可挖开拱上填料,修补防水层,修理排水管道。

(3)主拱及拱式腹拱的拱铰及变形缝应保持正常工作状态,清除弧面铰及变形缝内嵌入的杂物,保持其能自由转动、变形。填缝材料如油毛毡、浸渍沥青的木板等,如有损坏应及时更换。

(4)构件表面缺陷及局部损坏的修补,主要有以下几类:

①圬工砌体的边角压碎、砌块断裂,干砌石拱桥砌缝张口等,可用水泥砂浆修补。若个别块体压碎或脱落,应用新的块体填塞更换,更换时应保证嵌挤或填塞紧密。砌缝砂浆若发生脱离,应凿除后重新用干硬性砂浆或微膨胀砂浆填筑,表面重新勾缝。

②钢筋混凝土拱构件的表面缺损与裂缝修补与钢筋混凝土梁桥相似。

③钢管混凝土拱构件表面的防锈涂层应保持完好,并定期重涂。

④实腹拱的侧墙若发生较大变形、开裂,应查明原因并作相应处理。若是填料不实,或拱腔积水,应挖开拱上填料,修补防排水系统,拆除鼓凸部分侧墙后重新砌筑,重新回填拱上填料及重做路面;也可酌情换用轻质填料或加大侧墙尺寸。

若发现侧墙与拱圈之间脱开,或侧墙上有斜向开裂,应检查墩台与主拱的变形。开裂轻微且不再发展的,可作一般修补裂缝处理。若开裂严重或裂缝在发展中,应考虑加固、改造方案。

(5)中、下承式拱桥的吊杆养护与斜拉桥的拉索养护相类似。

系杆拱桥的系杆混凝土裂缝应用环氧砂浆等材料进行处理。系杆采用无混凝土包裹的预应力钢束时,应定期对钢束的防锈保护层进行养护、更换防护油脂等。系杆的支承点如有下沉要及时调整。

(6)冬季月平均气温低于 -20℃ 的地区,对淹没于结冰水位的拱圈,应在枯水期从结冰水位以上 50cm 开始至拱脚涂抹一层防冻环氧砂浆,砂浆表面再涂刷沥青进行保护。

4.2.4　其他桥型的养护与维修

一、斜拉桥的养护与维修

斜拉桥日常养护与维修的内容包括:

1. 斜拉桥梁体和索塔部分的养护

视其结构类型可按钢筋混凝土桥、预应力混凝土桥的相关规定进行,参见有关章节。

2. 拉索的养护

(1)拉索两端的锚具及护筒应经常保持清洁和干燥,塔端锚头若漏水、渗水,应及时用防水材料封堵,梁端锚头若出现漏水、积水应及时将水排出,并封堵水源。

(2)定期更换拉索两端锚具环内的防护油。

(3)定期更换钢护筒与套管连接处的防水垫圈及阻尼垫圈,做好塔接处的防水处理。

(4)对索端钢护筒进行涂漆防锈处理。

(5)若拉索护套出现开裂、漏水、渗水,应及时处理。可剥开已损坏的护套,将已潮湿的钢索吹干,对已生锈的钢索做好除锈处理,再涂刷防护漆及防护油,并用玻璃丝布或其他防护材料包扎严密。

(6)斜拉索的减震装置要保持正常工作状态,发现异常或失效要及时维修。

3. 桥上附属设施的养护

（1）索塔的扒梯应每年保养一次，包括除锈、油漆、修理损坏的部件。进出口检查门应经常保持完好。有工作或观光电梯的，应按有关规定进行保养。

（2）空心索塔的塔内应经常保持通风干燥，塔内通风照明系统每年至少检查保养一次，损坏的灯具应及时更换。

在斜拉桥的使用功能上来说，斜拉索是十分重要的组成部分。经过长时间大荷载的作用，斜拉索的松紧不一，将会影响到斜拉索的使用，甚至威胁到整座桥梁的安全，所以斜拉索的调整和更换是十分重要的。

①对因钢索、锚具损坏而超出安全限值的拉索，应及时进行更换。

②对索力偏离设计限值的拉索进行索力调整。张拉的顺序、级次和量值应按设计规定进行，并测定索力和延伸值同时进行控制。

③拉索的更换按改建工程进行，应对各方案技术经济的合理性进行分析比选，确定安全简便的施工方案。竣工后必须对全桥拉索的索力和主要高程进行测定，检查换索效果，并作为验收的依据。

二、悬索桥的养护与维修

悬索桥的日常养护与维修包括以下内容：

（1）悬索桥梁体和索塔部分的养护，视其结构类型可按钢筋混凝土桥的相关规定进行，参见有关章节。

（2）主缆各索股的受力应保持均匀，经检查若个别索股受力出现明显偏差、松弛或过紧，应通过索端拉杆螺栓进行调整。

（3）防止主缆索股的锚头、锚杆、裸露索股、分索器、散索鞍等锈蚀，涂防锈漆的部分应定期涂刷，涂抹黄油的部分应定期更换，发现剥落、锈蚀应及时处理。

（4）主缆索的防护层如有开裂、剥落应尽快修复，必要时可切开防护层检查主缆是否锈蚀并作相应处理，处理完毕后应及时修复。采用涂敷黄油防锈并用简易包裹作防护层的，应定期更换黄油防护层，并保持其完好状态。

（5）网格式悬索桥，肢杆拉索应保持正常工作状态，若发现松弛，可调整端头拉杆螺母使其复位。

（6）索鞍应经常清扫，防止尘土杂物堆积、积水及锈蚀。

（7）锚室及封闭的索鞍罩内应保持干燥。有除湿设备的应保持设备正常工作，出现故障及时检修。

（8）索夹、索鞍、吊杆等的紧固螺栓应保持其受力状态，视其工作情况，每半年至两年定期紧固。

（9）若吊杆有明显摆动、倾斜或检查发现其受力变化，应查明原因。若索夹松动，应使其复位并紧固锚栓；若拉杆螺栓松动，应拧紧；若吊杆锚头松动，应更换。吊杆复位后应进行索力检测。

（10）吊杆的保护套、止水密封圈、防雨罩等应保持完好，若发现老化、开裂、破损要及时修补、更换。

（11）吊杆减震装置要保持正常工作状态，发现异常或失效要及时检修。

（12）未作衬砌的岩石锚室或锚洞，若有表面风化或表面裂纹，应用环氧树脂砂浆或钢丝网水泥砂浆进行处理。

三、立体交叉的养护

立体横跨设施多数采用梁式结构,有钢结构和钢筋混凝土结构,其正常维修养护应参照有关方法和措施。

对于下穿式立交设施,因地势往往较低,排水有困难,如条件许可时,可采用自然排水,以节省正常养护管理费用,但其排水的沟管一般偏长、纵坡偏小,容易积水和淤积泥沙,要经常养护清理,特别是进水口和出水口必须保持完好状态,使水流畅通。

下穿式立交设施如采用机械排水,排水泵阀和动力设备、排水管道要保持功能完好,运转正常,并定期检查维修,其他配套设备(如沉淀池)要经常清淤,排除杂物,以防堵塞管道,影响排水。

下穿式立交设施,要保持标准净空。如因地形限制,净空不够,应与有关部门取得联系,在两侧桥基深度许可的条件下,将公路路面高程继续降低至符合标准为止。排水有困难者宜增设机械排水,并在这段低洼地段建水泥混凝土路面为宜。

下穿式立交,如因宽度不足需要拓宽时,可在相邻跨径之间另辟桥洞,作分向行驶。为防止超高车辆撞坏立交设施,可在立交桥跨前10m左右,另外竖立同样高度的龙门架,以保护立交设施。

对上跨式立交桥,应保持桥面排水系统的完好状态,保证桥面水按规定方向和地点排出,防止桥面水向下行道任意渗漏,要经常对立交前的沟渠管道进行疏通、清淤和维修保养,确保完整无缺。

立交的夜间照明非常重要,要随时检查照明器具和电力线路有无损坏或短缺、漏电现象,开关、灯柱是否完好,照明灯是否正常,若有缺损后异常变化要及时修理和更换。

用来制止行人或动物进入立体交叉的栏杆,要定期检查和修理,防止人为破坏和自然损坏,栏杆附近的垃圾、杂物应随时清理,油漆栏杆的颜色要鲜明。禁止就地焚烧垃圾,以免损伤栏杆。

横跨立交设施的各种警告、禁令和指示标志要齐全、鲜明、清晰,不得有模糊陈迹和残缺不全。

4.2.5 桥梁支座的养护与维修

桥梁支座是桥梁上下部结构的结合点,如有损坏将严重影响到桥梁承载能力和使用寿命,所以必须注意经常养护,保证其处于正常的工作状态。

一、日常养护

(1)支座各部应保持完整、清洁,每半年至少清扫一次,清除支座周围的油污、垃圾,防止积水、积雪,保证支座正常工作。

(2)滚动支座的滚动面要定期涂润滑油,一般每年一次。在涂油前,应把滚动面擦拭干净。

(3)对钢支座要进行除锈防腐。除铰轴和滚动面外,其余部分均应涂刷防锈油漆。

(4)及时拧紧钢支座各部接合螺栓,使支撑垫板平整、牢固。

(5)应防止橡胶支座接触油污引起老化、变质。

(6)滑板支座、盆式支座的防尘罩,应维护完好,防止尘埃落入或雨、雪渗入支座内。

二、支座维修与更换

(1)支座如有缺陷或产生故障不能正常工作时,应及时予以修理或更换。

①支座的固定锚销剪断,滚动面不平整,轴承有裂纹或切口,辊轴大小不合适,混凝土摆柱出现严重开裂、歪斜时,必须更换。

②支座座板翘起、变形、断裂时,应予以更换;焊缝开裂时,应予以整修。

③板式橡胶支座出现脱空或不均匀压缩变形时,应进行调整。

④板式橡胶支座发生过大剪切变形、中间钢板外露、橡胶开裂、老化时,应及时更换。

⑤油毡垫层支座失去功能时,应及时更换。

(2)调整、更换板式橡胶支座,钢板支座,油毛毡垫层支座采用如下方法:在支座旁边的梁底或端横隔处设置千斤顶,将梁适当顶起,使支座脱空不受力,然后进行调整或更换。调整完毕或新支座就位正确后,落梁至使用位置。

(3)需要抬高支座时,可根据抬高量大小选用下列几种方法:

①垫入钢板(50mm 以内)或铸钢板(50 ~ 100mm)。

②更换为板式橡胶支座。

③就地浇筑钢筋混凝土支座垫石,垫石高度按需要设置,一般应大于 100mm。

单元 4.3　桥梁上部结构的加固与加宽

知识导入　桥梁改造加固总体方案设计是影响加固工程全局的战略性问题。本部分内容提出了分清加固性质、明确加固目的、注意多种加固技术综合利用的桥梁加固方案设计原则,并选取若干具有代表性的加固设计方案进行阐述分析。

4.3.1　钢筋混凝土和预应力混凝土梁桥的加固

钢筋混凝土梁桥和预应力混凝土梁桥是应用十分广泛的桥型。随着桥梁使用年限的增加,钢筋混凝土和预应力混凝土梁桥上部结构的破坏也随之增加,严重的已经影响了整座桥梁的使用寿命,因此对其进行加固是十分重要的。

现将钢筋混凝土和预应力混凝土梁桥加固的常用方法总结如下。

一、浇混凝土加大截面加固法

在受压区加混凝土类加固钢筋内混凝土受弯构件,指采用加厚桥面板的办法,对受压区进行补强,由于后加混凝土层参与主梁工作,梁的有效高度增加,亦可间接达到提高承载力的加固目的。

在受压区加混凝土类加固构件,新旧混凝土的共同工作是靠结合面的抗剪承载力来保证的,为了增加新旧混凝土之间的黏结牢固,一般是将原梁破损的桥面铺装混凝土凿除,对露出的混凝土桥面板顶面进行凿毛处理,必要时采用植筋技术设置竖向锚固钢筋。

国内外的研究分析表明,新旧混凝土结合面的剪力,主要由以下三种力来承担:

(1)集料咬合作用力,即界面上凹凸不平的部分产生的咬合力。

(2)摩擦作用力,即结合面滑动后在界面上产生的摩擦作用力。

(3)钢筋的暗销作用。

对于不设锚固钢筋的受压区加混凝土类构件,新旧混凝土结合面的剪力主要由界面上凹凸不平部分的集料咬合力和摩擦力来承担。

二、补加钢筋加固法

补加钢筋类加固钢筋混凝土受弯构件,指在梁的受拉区直接加焊钢筋的加固方法,如图4.3.1所示。

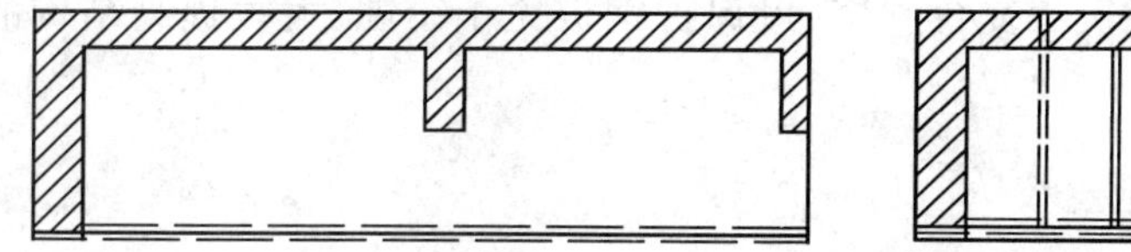

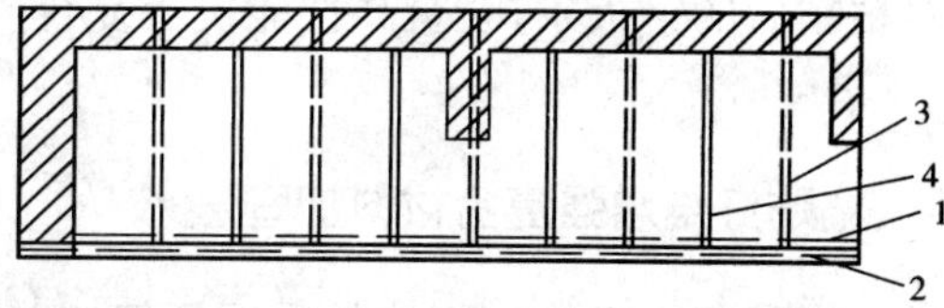

图4.3.1 补加钢筋加固法

1-原有钢筋;2-加固钢筋;3-原有钢筋箍;4-加固钢筋箍

根据国内各种理论实践分析,加固后梁的最大承载力主要与原梁的截面尺寸有关,承载力提高的幅度受原梁受拉钢筋配筋率的控制。设计时切不可不加分析无限地提高梁的承载力,因为这样的构件将可能发生脆性破坏,是不安全的。

三、粘贴钢板加固法

粘贴钢板加固法是采用环氧树脂或建筑结构胶,将钢板直接粘贴在被加固的钢筋混凝土结构物的受拉区或抗剪薄弱部位,使之与被加固结构物形成整体共同受力,以提高结构的刚度,改善其受力状态,限制裂缝的开展,提高结构的承载力。

图4.3.2所示为粘贴在梁底上的钢板,它可以显著提高原梁的刚度和正截面抗弯承载力。

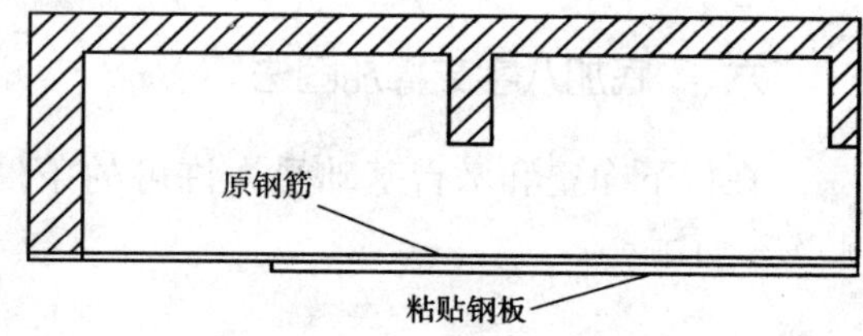

图4.3.2 粘贴钢板加固法

图4.3.3所示为粘贴在梁侧面上的钢板,宜与主拉应力轨迹线一致,以限制裂缝开展,提高梁的斜截面抗剪承载力。

从作用原理上讲,粘贴钢板法属于被动加固范畴,极限状态下后加补强钢板的应力发挥程度取决于原梁的配筋率,对原梁高度较小、配筋率较人的情况,后加补强钢板不能充分发挥作用。在梁底粘贴钢板可以显著提高结构的抗弯刚度,对以控制结构变形为主要目的的使用功能加固是十分有效的。

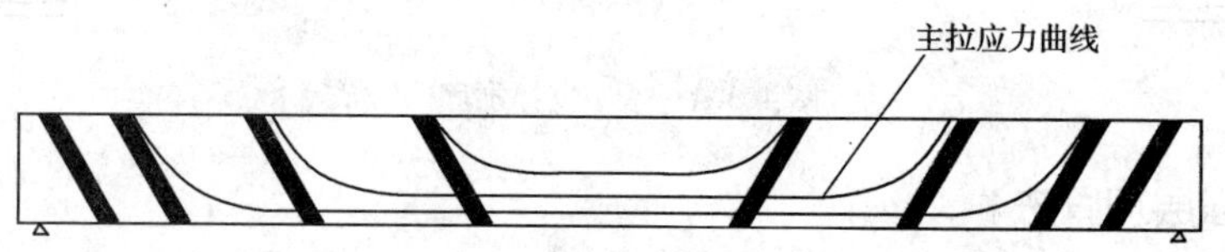

图4.3.3 钢筋混凝土梁的粘贴加固

后加钢板与被加固混凝土梁体之间的可靠黏结是两者共同工作的基础，是粘贴钢板加固法的关键技术。加固所用的黏结剂必须是黏结强度高、耐久性好，并具有一定的弹性。目前广泛应用的是环氧树脂类黏结剂其抗拉强度和抗剪强度一般都能满足黏结要求。结构破坏时，通常情况下不会沿着环氧树脂界面脱离，而是沿着梁底靠近钢板的混凝土首先开裂破坏。换句话说，在黏结质量得到保证的前提下，钢板与混凝土层之间的可靠黏结是毋庸置疑的，截面黏结处于非常安全的状态。

为了确保黏结质量，施工时应特别注意以下三点：

(1)钢板和待加固混凝土表面的清洗处理是保证黏结质量的前提。

(2)对黏结层加压是保证黏结质量的关键。

(3)钢板的选材和防腐处理十分重要。

对粘贴后的钢板条，喷筑高性能抗拉复合砂浆，可保护钢板免于锈蚀，大大提高结构的耐久性。

四、粘贴纤维增强复合材料加固法

粘贴高强复合纤维加固法是采用环氧树脂胶将高强复合纤维布直接粘贴在被加固混凝土结构薄弱部分，与被加固结构形成整体，共同受力，以限制裂缝的发展，提高结构的承载力。纤维布的布置方法与粘贴钢板加固法的相同。

值得注意的是，采用粘贴高强复合纤维加固，对结构的刚度提高不大，因此对于以控制结构变形为主要目的的使用功能加固是不适宜的。

五、体外预应力筋加固法

体外预应力筋的加固是目前公路桥梁改造工程中采用较多的加固方法。体外预应力加固法的作用原理是以高强钢丝、钢绞线或高强度粗钢筋等作为施力工具，对梁体施加体外预应力，以预应力产生的反弯矩抵消部分外荷载产生的内力，从而达到改善梁的使用性能和提高结构承载力的目的。

六、梁底加八字支撑加固法

在桥下净空和墩台基础受力许可的条件下，也可采用在梁底下加八字支撑加固法，如图4.3.4所示。

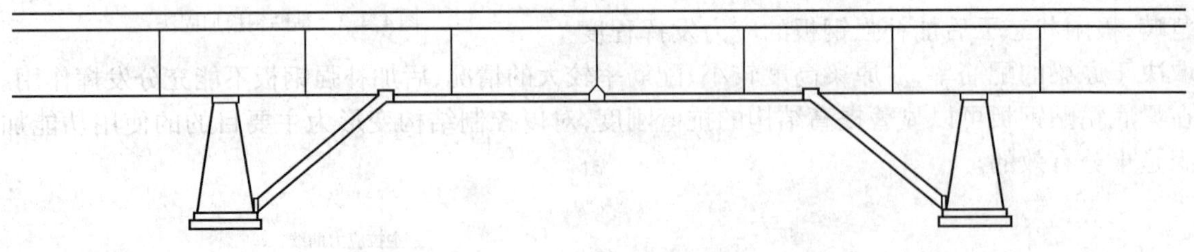

图4.3.4　八字支撑加固法

七、桥面补强层加固法

在原桥面新加补强层，并用钢筋锚固，如图4.3.5所示。

八、增加横隔梁加固法

增设横隔梁可以增加梁的刚度和稳定性。

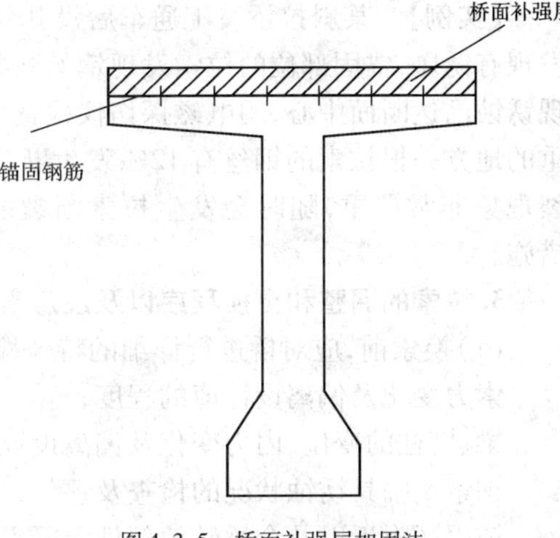

图 4.3.5 桥面补强层加固法

九、更换主梁加固法

如果主梁破损严重，修复起来十分困难，可以将主梁进行更换。这种属于大规模的修复加固工程。

十、调节支座高程

由于不均匀沉降等原因，造成桥面高程有变化，可以通过调节支座高程来处理。

十一、加竖向应力法

在梁上添加竖向应力，可以防止竖向裂缝的产生，并增加桥的稳定性。

4.3.2 其他桥型的加固

一、拱桥的加固

圬工拱桥的加固修复宜采用与原桥相同的材料，青砖、料石、素混凝土、混凝土预制块等不宜掺杂使用。修复拱圈的合龙温度以 10 ~20℃为宜。采用加载减载加固时，要考虑邻孔的影响及墩台的偏心作用。

钢筋混凝土箱形板拱，拱顶腹板开裂应及时用环氧砂浆嵌塞勾缝。如属承载标准偏低，则在拱腹内用钢板垂直锚粘于裂缝上；如属墩台滑移使跨径增大，则要及时处治墩台。须减轻桥梁净重时，可更换拱上填料，改水泥混凝土铺装为沥青混凝土铺装。

钢管混凝土拱桥如外包混凝土在某些区段出现褶皱、龟裂、垂直裂纹，其成因复杂，当无明显变形时暂用水泥砂浆涂抹，加强观察。裸露的钢管混凝土钢管表层出现收缩状褶皱，可在钢管外层浇筑一层钢筋混凝土予以加强。在确定钢管混凝土的管内有空洞或离析时，可采用钻孔注入环氧树脂、水泥砂浆后再封闭钻孔。当发现刚度不足时，必须由有相当资质的设计单位进行加固设计并及时予以加固。

二、斜拉桥的加固

1. 拉索及支座的调整

应根据对钢索、锚具的损坏检查及评估结果，对已超出安全限制的拉索进行更换，根据对索力及桥面高程的定期检查结果，对已超出设计限值的拉索进行索力调整，根据对墩及支座下沉的定期检查结果，对已超出设计限值的支座进行调整。

2. 拉索锈蚀及钢丝断裂的分析评估

必须对所有拉索进行详细检查，从而确认锈蚀原因、锈蚀的程度，钢丝断裂原因、程度及部位。

【实例】 某斜拉桥竣工通车后没几年,即发现斜拉索几乎都有异常腐蚀现象,拉索外部发现有锈斑,锚固部位的拉索发现钢丝断裂。通过进一步对锈蚀严重的拉索进行解剖检查,发现锈蚀已达断面中心,用电磁探伤仪检查也发现钢丝的破断和裂伤在拉索锚固部位特别多,严重的地方一根拉索的钢丝有12%发生断裂或裂口。根据检查认为该桥的拉索锈蚀及钢丝断裂现象非常严重,随时会发生拉索断裂的危险,因此必须采取对全部拉索进行更换的加固措施。

3. 拉索的调整和更换程序以及注意事项

(1)换索前,应对桥进行详细的特殊检查及检测。检查及检测内容包括:

索力变化及偏离设计值的程度;

梁、塔柱的变位、内力变化及偏离设计值程度;

钢索及锚具锈蚀状况的检查及评估;

锚固区附近以及全桥其他部件混凝土损坏情况的检查。

检查报告还应包括换索决策的技术、经济分析及论证,以确保换索在安全、经济、合理的前提下进行。

(2)拉索调整及更换方案设计,应在特殊检查的基础上,充分考虑桥梁的交通情况、安全性、耐久性及施工的简便性等要求,做到精心设计。设计方案包括:换索方案的总体设计、斜拉索及锚具的选择及设计、索力及安全性的计算,拉索的防护设计及换索工程工艺设计。

(3)换索施工应严格设计规定的程序及工艺要求,卸索松张及装束张拉应对称、分级进行,并要求边施工边监控桥面高程的变化。在施工过程中新拉索及邻拉索力变化应控制在安全的范围内。

(4)应对更换的新索索力进行多次检测及调整,以达到设计要求。更换工程竣工后,应对全桥的索力及主梁高程进行测定,以检验换索效果。

(5)拉索更换工程竣工后,应将有关技术图纸、主要设计值、观测值及标定值等资料归纳整理,移交养护单位。

三、悬索桥的加固

1. 悬索桥桥面产生横向摆动的加固措施

(1)在桥的两岸上下游各设一根略低于桥面的跨河钢缆,并用较细的钢绳将桥道端部与此钢缆连接形成抛物面的网格。

(2)加强、加固桥面下的水平支撑结构,以增强横向刚度。

2. 提高刚度的措施

(1)设置中央扣件把加劲梁与主缆在跨中固结。

(2)把直吊索改为斜吊索或交叉斜吊索。

(3)在主跨四分点附近增设斜拉索,将吊桥与斜拉桥两者结合,可大大增加吊桥的跨越能力和刚度。

3. 锚洞内地病害加固处理

拉索后端的锚碇板在锚孔处出现裂纹时,应将拉杆置入新加的钢筋混凝土锚板中,新锚板应预留一定数量的孔洞,留待以后更换时使用。新旧锚板要支垫出一定距离。支垫锚碇板的支撑,如发生裂纹或损毁,可在邻近洞口的一侧竖立新的型钢支撑以加强抵抗能力。锚洞外的压重体如出现松散龟裂,要及时注入黏结剂,并另外增加一些圬工以补充重量。

4.3.3 桥梁的加宽

桥梁加宽常用的形式有:单边加宽和双边加宽。

单边加宽:当原有公路路线是以单边加宽进行改建时,相应地,对旧桥也可采用单边加宽的形式予以改建。单边加宽的做法是,平行于原桥另建一座新的桥跨结构,如图4.3.6所示。

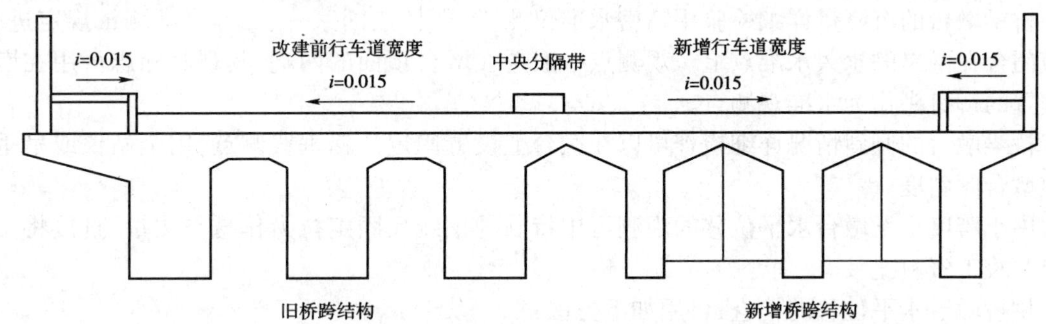

图4.3.6 单边拓宽改建图

双边加宽:为了与旧路线双边对称加宽的方案相适应,许多旧桥也须采用双边对称加宽的改建方案。旧桥双边加宽又有增设独立边桥作为人行道或慢车道,以及增设大边梁来加宽旧桥桥面和提高旧桥承载能力等形式。

加宽加固时新旧梁的联结是一项非常重要的工作,必须做好。新旧主梁的主要联结形式有:柔性锚筋形式、刚性锚筋形式、新加横隔板的联结、不加横隔板的联结。

下面举例说明预应力混凝土桥上部结构加宽的作业顺序:

准备工作→详细设计→修建主梁制作现场→主梁制作→徐变管理→准备工作结束→预应力混凝土桥梁主体施工→除掉缘石→设置龙门起重机→安装支座→运输主梁→架设主梁→模板→钢筋→振动调查→浇筑混凝土→张拉横梁→浇筑缘石混凝土→竖支柱式护栏→设置防落网→防水薄板

单元4.4 桥梁墩台养护

知识导入 墩台基本上是由钢筋混凝土、混凝土或砖石砌体建成。墩台容易受到上部结构荷载增加和基础出现缺陷的直接影响,尤其是当基础产生不均匀沉降、滑移、倾斜等现象时,将会使墩台受到影响而产生很大的损坏。

在突然外载,如船只及漂浮物的撞击等外力作用下,墩台会产生局部破坏,会产生脱落与剥离;墩台还要受干燥、潮湿、寒暑、冻融等气候条件的影响;有时还受到海水、工业废水、废气、酸、碱、火热等作用,从而产生裂缝、剥落、锈蚀等病害。此外,材料随使用时间的增长也会老化,因而要对墩台进行养护维修。

一、桥梁墩台的检查

桥梁墩台的检查主要是墩台身缺陷及裂缝检查,墩台变位(沉降、位移、倾斜)的检查。墩台顶面是否清洁,石砌墩台有否砌块断裂,通缝脱开、变形。砌体泄水孔是否堵塞,防水层是否损坏。混凝土墩台及帽梁有无冻胀、风化、开裂、剥落、露筋,墩台与基础是否有滑动、倾斜、下沉等。

桥梁墩台身缺陷及裂缝检查,可以采用目测或借助锤子、读数显微镜、裂缝仪等工具来完成。

墩台的沉降、位移和倾斜情况的检查,一般可以先由目测并结合桥梁上部结构检查进行初步判断。例如对于简支梁桥,当上部结构检查发现主梁在墩顶倾斜、伸缩缝顶死的情况,可以初步判定桥墩可能有倾斜或不均匀沉降。

桥梁墩台的沉降量详细检验用精密水准仪测量,严格按国家一、二等水准测量规定进行,并应闭合在两岸的永久水准点上。观测点一般选在墩台顶面的两端,其观测标志可用在墩台上埋置的铆钉头作为水准观测点。

桥梁墩台的倾斜情况详细检查可以在墩台上设置固定的铅垂线测点,用全站仪或吊垂球测定墩台倾斜度。

中小跨度桥梁墩台水平位移的观测可用特制的钢线尺固定拉力作悬空丈量,直接将丈量结果与竣工资料比较。

拱桥墩台水平位移的检查,可用如下方法:

(1)有完整的竣工资料,桥台水平位移可根据小三角测量求得跨径,与竣工时跨径值比较得到。

(2)没有竣工资料,则需要根据实测拱轴线取得拱顶的下沉量,扣除因设置的预拱度不够而下沉得到的差值,再以此除以拱顶处推力影响线坐标,可以得到桥台的水平位移的估算值。

二、墩台的常见病害

裂缝是墩台病害的主要形式。常见的裂缝有水平裂缝、竖向裂缝及网状裂缝等。墩台表面常出现蜂窝麻面、孔洞、露筋、腐蚀等。内部有空洞和蜂窝,钢筋的锈蚀、混凝土保护层厚度不够等,如图 4.4.1 所示。

图 4.4.1　墩台常见病害

砖、石及混凝土的墩台身，比较常见的缺陷是砌体的砌缝砂浆风化、大体积混凝土内部的空洞引起的破损等；比较常见的裂缝形态是墩台身的网状裂缝及竖向裂缝。

钢筋混凝土的墩台身，比较常见的缺陷是混凝土的冻胀引起剥离、混凝土的风化、掉角及船只碰撞造成的表面混凝土擦痕、露筋、支座下混凝土局部承压而造成损坏；比较常见的裂缝形态是墩台身沿主筋方向的裂缝或沿箍筋方向的裂缝、盖梁上与主筋方向垂直的竖向裂缝。

水中的桥墩，因为直接阻水，除了受到一般的冲刷以外，还受到局部冲刷，在桥墩处形成局部漏斗形河床。当河床为厚砂砾卵石层时，因水流带动砂砾石运动，会对钻孔灌注桩造成严重的磨损，甚至使桩中钢筋外露，如图 4.4.2 所示。

图 4.4.2　桥墩常见病害

桥梁墩台的常见病害如表 4.4.1 所示。

桥梁墩台的常见病害　　表 4.4.1

病害形式		成因
水平裂缝	墩台身水平裂缝	多为混凝土浇筑接缝不良所引起
水平裂缝	墩帽水平裂缝（桥墩墩帽顺桥向轴线横贯墩帽的水平裂缝）	主要是由于局部应力所致。因梁和活荷载的作用力集中通过支座垫石传至墩台，使其周围墩台顶其他部位产生拉应力
竖向裂缝	基础向上发展至墩台身的裂缝（裂缝下宽上窄，多发生在墩台身的长边中点附近）	基础下的土层松软或沉陷不均匀
竖向裂缝	由支撑垫石从下向上发展的裂缝	主要由于墩台帽在支撑垫石下未布置钢筋所致，也可能是由于受到过大的冲击力所致
竖向裂缝	双柱式桥墩承台上的竖向裂缝	由于桩基不均匀下沉或局部应力所致
竖向裂缝	墩台盖梁自上而下的垂直裂缝	由于桩基不均匀下沉而引起盖梁不均匀受力所致
竖向裂缝	雉墙上的垂直裂缝（墩盖梁不等高时裂缝多位于雉墙棱角部分及桥墩中线附近）	由于局部应力所致
不规则裂缝	网状裂缝（多发生在常水位以上墩身的向阳部分，宽度 0.1～1.0mm，深 1～1.5cm，长度不等）	主要是由于混凝土内部水化热和外部气温的温差，或日气温变化影响和日照影响而产生的温度拉应力；还有可能是由于混凝土干燥收缩而引起
不规则裂缝	镶面石裂缝	镶面石与墩台身联结不良
不规则裂缝	翼墙和前墙断裂的裂缝	由于墙间填土不良、冻胀或基底承载力不足，引起不均匀下沉或外倾而开裂
不规则裂缝	悬臂桥墩角隅处的裂缝	由于局部应力引起

续上表

病 害 形 式	成 因
蜂窝麻面	由于施工不当所致。浇筑中的振捣不充分；运输时混凝土产生离析；模板缝隙不严，水泥浆流失等；混凝土粗集料粒径太大，坍落度过小；配筋较密等。 模板表面不光滑，模板湿润又不够，致使构件表面混凝土内的水分被吸去
锈蚀老化剥落	雨水浸入结构裂缝；保护层厚度不足； 钢筋锈蚀膨胀引起剥落；化学侵蚀作用及冻融循环作用

三、墩台的养护与维修

墩台养护的目的和任务是为了使结构物完整、牢固、稳定、不发生倾斜，并减少行车振动和基础冲刷。根据《公路桥涵养护规范》（JTG H11—2004）规定，对墩台及基础进行养护。保持墩台表面整洁，及时清除墩台表面的青苔、杂草、灌木和污物。

1. 圬工砌体

发生灰缝脱落的应清除缝内杂物，重新用水泥砂浆勾缝。墩、台表面风化剥落，损坏深度在3cm以内的，可用水泥砂浆抹面修补，砂浆强度等级一般不应低于M5。当损坏面积较大且深度超过3cm时，不得用砂浆修补，而须采用挂网喷浆或浇筑混凝土的方法加固。表面发生蜂窝麻面、裂缝、露筋等病害时，应采用水泥砂浆修补。因受行车振动影响，不易用水泥砂浆补牢的，应考虑采用环氧树脂或其他聚合物混凝土进行修补。镶面部分严重风化和损坏时，应用石料或混凝土预制块补砌、更换，墩台身圬工砌体的砌块如出现裂缝，应拆除后重新砌筑。新老部分要结合牢固，色泽质地应与原砌体基本一致。

2. 钢筋混凝土建造的墩台（如圆柱式墩台、双壁式墩和肋式台等）

注意保持其混凝土表面的完整性，防止钢筋锈蚀、混凝土表面发生浸蚀剥落、蜂窝麻面等病害，应及时将病害和其周围凿毛洗净，用高强度等级水泥浆或环氧砂浆抹平。

3. 裂缝维修

(1)裂缝宽度小，已趋稳定，未上下贯通或左右对称，经分析不影响墩台安全时，可用环氧树脂砂浆修补或压注浆液进行整治。如网状裂缝，为非受力裂缝，对墩台本身应力无多大影响，一般无需修补。对上下贯通，过车时有张合现象的受力裂缝，应找出裂缝发生的原因，采取有效的加固措施。

(2) 对有急剧发展，影响承载能力，危及行车安全的裂缝，应立即采取临时措施保证行车安全，再查明原因进行加固改善。

4. 墩台出现变形

(1)桥台台背填土遇水膨胀而变形的，应挖去膨胀土，检修排水设施，填以砂砾，修好损坏部位。

(2)由于冻胀原因出现变形，应挖去冻土，填以矿渣、砂砾等，并封闭表面不使其渗水，修好损坏部位。

(3)属于砌筑不良的，应凿去或拆除变形部分，重新砌筑或浇筑。

(4)由于砌筑填缝不实，墩台有空洞的，可在空洞部位附近，开凿通眼，以压浆机压注水泥砂浆或环氧树脂进行修补。

5. 梁式桥台台背土压力过大,造成桥台向桥孔方向位移

(1)挖去台背填土,加厚桥台胸墙,更换内摩阻角大的填料,减小土压力。

(2)当病害严重时,还需根据实际情况增加其他措施,如加厚桥台前墙、耳墙等。简支梁桥可在两台之间加设钢筋混凝土支撑梁,如图4.4.3所示。

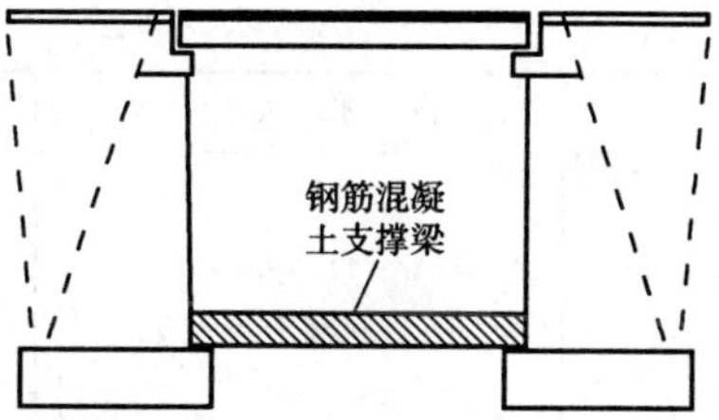

钢筋混凝土支撑梁

图4.4.3 钢筋混凝土支撑梁

6. 防撞设施

主墩有防撞设施的,一定要保持防撞设施的完整性,若有损坏应及时维修,且须保持防撞设施的防锈涂层及反光标志始终完好。一旦发生撞击桥墩台,必须立即处理。在情况不明但事态比较严重时,在征得主管部门同意后可先限载限速通行或暂时封桥。

单元4.5 桥梁基础养护

知识导入 桥梁的基础承担着桥墩、桥跨结构(桥身)的全部重量以及桥上的荷载。桥梁基础往往修建于江河的流水之中,建筑好以后又淹埋于水、土中,遭受水流的冲刷,属于隐蔽工程,如有缺陷,较难发现,也较难弥补和修复,而这些缺陷往往直接影响整个桥梁结构的使用甚至行车安全。

一、桥梁基础的检查

墩台基础的检查,主要指墩台基础的冲刷情况和缺陷情况的检查,包括:基础是否有滑动、倾斜、下沉等;基础下是否发生不许可的冲刷或掏空现象;扩大基础的地基有无侵蚀;桩基顶段在水位涨落、干湿交替变化处有无冲刷磨损、颈缩、漏筋,有无环状冻裂,有无受到污水、咸水或生物的腐蚀;必要时对大桥、特大桥的深水基础派潜水员潜水检查。

桥梁墩台有倾斜、位移或在活载作用下墩顶位移较大时,往往可能是基础有病害,应进行挖探检查。

(1)河床无水或浅水墩台,可设围堰防水直接挖至基础检查;

(2)流速不大的深水墩台,可用围堰、封底进行抽水进行检查。

另外,还有激光探测和振动检查方法,可以用来检查墩台基础中裂缝、断裂、冲空等病害。

二、基础的常见病害(表4.5.1)

混凝土或浆砌片石扩大基础,主要缺陷是基础松散破裂和基础下冲空。

桥梁基础类型与常见缺陷 表4.5.1

基础类型		常见病害
浅基础	天然地基上的浅基础	1. 埋置深度浅,易受冲刷而淘空; 2. 埋置深度不足,受冻害影响; 3. 地基不稳定,易产生滑移或倾斜
	岩石基础	1. 基础置于风化岩石层上,风化部分未处理好,经水流冲刷而淘空或悬空; 2. 受地震时的剪切作用,易产生裂缝
	人工地基基础	因处于软弱地基上,在竖向荷载作用下压实沉陷,使基础下沉

续上表

基础类型		常见病害
桩基础	打入桩 （钢筋混凝土预制桩）	1. 打桩时，桩身受损坏； 2. 受水冲刷、侵蚀，产生空洞、剥落等； 3. 受船只或其他漂浮物的撞击而损坏
	钻（挖）孔桩	1. 施工时淤泥未完全清除即灌注混凝土，因而使形成后的桩基产生下沉； 2. 施工不当，或受水冲刷、浸蚀而产生空洞、剥落、钢筋外露等； 3. 灌注混凝土过程中发生塌孔而未处理，桩身部分脱空； 4. 受外力冲击产生损坏
	管桩基础	承载力不足而使基础产生下沉
	沉井基础	1. 地基下沉时，基础也常发现一些下沉； 2. 地基下沉不均匀，或桥台台斜背高填土受地基侧向流动的影响时，基础产生滑移、倾斜； 3. 中间层为弱黏土层时，由于附近施工挖基坑和填土等而变位，常使基础变位； 4. 由于冲刷，沙层被冲走或由地震而使地基液化，使基础变位

在地面或低水位以下、冻结线以上或冲刷线附近，基础或墩身常有环带状腐蚀，基础周围表面松散，严重者使混凝土形成空洞，如图4.5.1所示。

图4.5.1　墩身常见病害

三、基础养护与维修

（1）应采取措施保持桥梁墩台从基础附近河床的稳定桥梁上下游各200m的范围内（当桥长的1.5倍超过200m时，范围应适当扩大）满足以下要求。

①应适时地进行河床疏浚，每次洪水过后应及时清理河床上的漂浮物，使水流顺利宣泄。

②在桥下竖立警告牌，禁止任何人或单位在上述范围内挖砂、取土、采石、倾倒废弃物，禁止进行爆破作业及其他危及公路桥梁安全的活动。

③不得任意修建对桥梁有害的建筑物，因抢险、防汛需要修筑堤坝、压缩或拓宽河床时，应事先报经交通主管部门或公路管理机构同意，并采取有效的防护措施。

④发现任何有可能破坏桥梁安全的行为应及时制止。

（2）若基础冲刷过深或基底局部掏空，应立即抛填块石、片石、铅丝石笼等进行维护。

（3）桥下河床铺砌出现局部损坏时应及时维修，若砌块损坏，可补砌或采用混凝土修补。

（4）对设置的防撞、导航、警示等附属设施，并经常检查、维护、保持良好状态。

（5）地基承载力不足，引起墩台基础沉降，可采取下列措施：

①在刚性实体式基础周围加石砌圬工或混凝土，扩大基础承压面。新旧基础应注意牢固结合，如图4.5.2所示。

②桩式基础周围加钻孔灌注桩或打入钢筋混凝土桩，并扩大原承台，将墩台的压力部分传递到新桩基上，如图4.5.3所示。

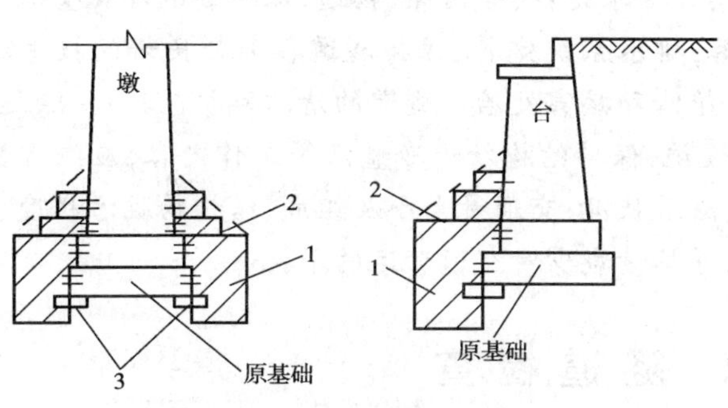

图 4.5.2　新旧基础结合示意图

1-扩大基础;2-新旧基础结合;3-丁石

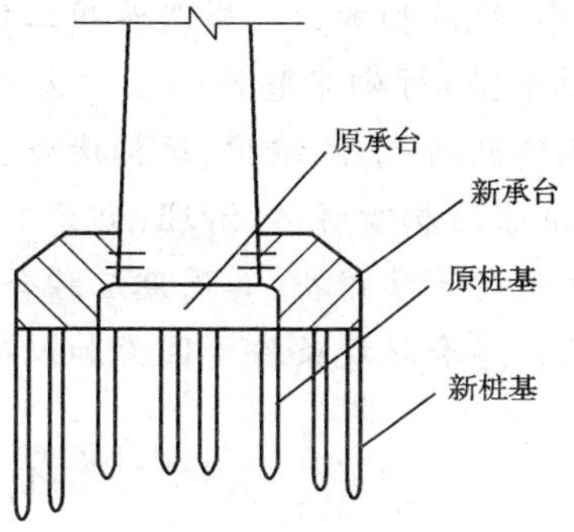

图 4.5.3　增补桩基

③在墩台基础之下,向墩台中心斜向钻孔或打入压浆管,通过孔眼及管孔,在一定压力下灌注水泥砂浆、加热的沥青、土的固结剂等提高地基承载力。加固范围和深度应通过计算确定,如图 4.5.4 所示。

(6)基础局部被冲空时,应采取以下措施。

①基础周围被冲空范围较小时,应采取以下措施:

水深在 3m 以下,可筑围堰将水抽干,以砌石或混凝土填补冲空部分。

水深在 3m 以上,可在四周打板桩或其他方法作坝围堰,灌注水下混凝土防护。

图 4.5.4　加固地基土

当基础置于风化岩上,基底外缘已被冲空,应及时清除表面严重风化部分。在浅水时,填以混凝土,并将周围风化地基用水泥砂浆封闭;在深水时,应采取潜水作业,铺以袋装干硬性混凝土。

②基础周围被冲空范围较大时,应采取以下措施:

打梅花桩,桩间用块片石砌平卡紧。

浆砌块片石或混凝土预制块。

用铁丝、毛竹石笼,或以柳枝、荆条织成捆,内装石片或卵石。

③墩台周围河床冲刷严重,危及基础的,除修补被冲空的基础外,必须在洪水期过后,采取有效的防护措施,以防再次被冲坏。

④严寒地区,冬季冰层厚度变化,容易使浅桩冻拔,深桩环状冻裂,因此要注意保温防冻。

⑤为防止桥墩被流冰和漂浮物撞击,可视河流具体情况,在桥墩上游适当地点设置菱形破冰体,以保护桥墩。

实战演练

参观一座桥梁下部的检查养护工作,让学生写出相应墩台病害并提出维修建议

单元 4.6　隧道养护

知识导入　隧道养护工作包括:土建结构[洞门、洞身衬砌、路面、斜(竖)井、检修道及风道等结构物],附属结构(通风、照明、防排水设施、监控、消防、通信等机电设施)的检

查、保养、维修和加固。隧道养护工作的总体要求是:安全洁净、畅通,保持隧道外观整洁、隧道内路面平整、衬砌完整无明显开裂和剥落,排水系统完善,保持隧道各部分良好的技术状况。养护工作包括:清洁维护、结构检查、保养维修和病害处治。隧道的清洁维护包括:扫除隧道内垃圾、清除结构物脏污、清理(疏通)排水设施,保持结构物干净整洁等工作内容,应经常性、周期性地进行清洁维护,其周期应综合考虑隧道状况、交通量大小及组成、结构物脏污程度、清洁方式及效率和环境条件等因素加以确定,并尽量减少对交通营运的干扰。

4.6.1 隧道检查

隧道的检查可分为日常检查、定期检查、特别检查和专项检查四类。隧道的保养维修主要涉及日常检查和定期检查,特别检查和专项检查要委托具有相应检测资质的专业机构实施。

一、日常检查

隧道日常检查是对土建结构的外观状况进行的日常巡视检查(表4.6.1)。通过日常检查,应及时发现早期破损、显著病害或其他异常情况,并确定应对措施。

隧道日常检查的部位及内容 表4.6.1

部　　位		检查主要项目及内容
主体构造物	洞门	洞口有无落石、积水、结构开裂、沉陷、错台、起层、剥落以及渗漏水
	内装、顶棚及路面	脏污、变形、破损,路面滞水、结冰、拱起,或坑洞、开裂、错台等
	检修道	结构破损,盖板缺损,栏杆变形、损坏
附属构造物	防排水	破损、堵塞、积水、结冰
	通风	通风机具是否正常运转,有害气体含量,烟雾浓度
	照明	路面亮度,灯具是否有污损
	通信、监控、消防等	供配电设施是否正常运转,通信设备是否良好,监控系统是否正常,噪声值

日常检查通常采用目测方法,配合简单检查工具,以定性判断为主,采取车行或步行的方式进行。其频率应根据隧道的实际情况考虑确定,高速公路隧道宜1次/日,在雨季或冰冻季节,需加强日常检查工作。

对日常检查中发现的结构异常情况,应及时填写“日常检查记录表”(见《公路隧道养护技术规范》(JTG H12—2003)附录表A.0.1日常检查记录表),登记所检查项目的破损类型、估计破损范围和程度以及养护工作量,对异常情况做出判定分类,并采取相应的应对措施。

二、定期检查

隧道定期检查是按规定周期对土建结构的基本技术状况进行的全面检查。要求通过定期检查,系统地掌握结构基本技术状况,评定结构物功能状态,为制订养护工作计划提供依据。

定期检查通常以步行方式,配备必要的检查工具或设备,进行目测或量测检查。检查时,要求尽量靠近结构,依次检查各个结构部位,注意发现异常情况或原有异常情况的发展变化;对于发现的结构异常情况,应在其适当位置做出标记。此外,检查结果应尽可能量化。

定期检查的频率应根据隧道的实际情况考虑确定，高速公路隧道宜为1次/年。检查通常安排在春季或秋季进行。新建隧道应在交付使用1年后进行首次定期检查。

检查中应认真填写“定期检查记录表”（见《公路隧道养护技术规范》（JTG H12—2003）中附录表A.02定期检查记录表），详细、准确地记录各类结构的基本技术状况，判断破损或病害的成因，对各个结构物的功能状态做出判定。

定期检查完成后，应提出土建结构定期检查报告，内容应包括：

①对土建结构的技术状况和功能状态的评价；

②对土建结构的养护维修状况的评价及建议；

③需要实施专项检查的建议；

④需要采取维修措施的建议。

此外，检查报告还应附有检查记录表、隧道展示图以及其他有关检测记录资料。

4.6.2 隧道结构的维修保养

一、土建结构

土建结构的维修保养主要包括对结构进行经常性或预防性的保养和轻微破损部分的维修等内容，以恢复和保持结构的良好使用状态。当日常检查或定期检查发现结构物有轻微的老化、破损或缺失时，应及时对其进行保养、维修或补充，其内容如表4.6.2所示。

隧道养护工作内容　　表4.6.2

部位	养护工作内容
总体	清洁维护工作内容应包括扫除隧道内垃圾、清除结构物脏污、疏通清理排水设施，保持结构物外观干净整洁
洞口	及时清除洞口边仰坡上的危石、浮土，冬季应清除积雪和挂冰，保持洞口边沟和边仰坡上截（排）水沟的完好、畅通，修复洞口挡土墙、护坡、排水设施和减光设施等结构物的轻微损坏，维护洞口花草树木的完好。 高寒冰冻地区的隧道，设置防冻层或防冻保温设施，并做好保养维护确保其良好使用功能，洞口设有防雪设施的隧道，修复破损定期进行保养维修
洞身衬砌	1.有衬砌隧道：出现的衬砌起层或剥离，应及时加以清除或加固；对衬砌的渗漏水，可将水流引入边沟排出；冬季应及时清除洞顶挂冰等。 2.无衬砌隧道：出现的碎裂、松动岩石和危石，应本着少清除、多稳固的原则，加以修理；围岩的渗漏水，应开设泄水孔接引水管，将水引入边沟排出；冬季应及时清除洞顶挂冰
路面、人行道检修道	保持路面干净，及时清除隧道内外路面上的散落杂物，修复、更换损坏的井盖；当路面渗漏水时，应及时处理，防止路面积水或结冰。及时清洗脏污的标线，隧道的交通标线应保持完整、清洁。具体养护工作同路面养护部分内容。 及时修复或更换人行道或检修道破损的盖板，维护人行道或检修道的完好
吊顶内装	及时修补其破损、变形的板块，并更换脏污而不能修复的破板，保持吊顶板整洁、完好。 及时修复、更换和补充破损、脏污和掉落的内装板，保持其整洁、完好
横洞	及时清除横洞内散落杂物，严禁堆放任何物品，确保横洞清洁、畅通，定期检查、保养修复结构轻微破损

续上表

部　位	养　护　工　作　内　容
斜(竖)井风道	维护井内排水设施,保持畅通,保养井内的检查通道或设施,防止其锈蚀或损坏。清除井内任何可能损伤通风设施或影响通风效果的杂物。 修复风口或风道的破损,更换损坏的风道板;清理堵塞送排、风口的网罩的杂物,防止其锈蚀或损坏
排水设施	可用高压水或压缩空气疏通排水管堵塞,及时修复破损维护隧道内外排水设施的通畅
其他	交通标志保持完好,清洗标志牌面的脏污,清除遮挡标志的障碍物,修补、更换变形、破损的标牌确保交通信息传送无误。 隧道如设有消音设施,修复或更换破损的设施,或进行保养维修

二、病害的处治

公路隧道除平时加强养护外,还应及时处治各种病害,保障隧道安全畅通。隧道的常见病害有:衬砌或围岩表面风化、腐蚀、剥落,产生裂缝、渗漏水及结冰,侧墙、端墙、翼墙洞门等结构物倾斜、位移、局部鼓出,拱圈变形等。

隧道病害处治应根据检查结果,针对病害产生的原因,按照安全、经济、合理的原则确定方案。隧道病害的处治可由一种或多种方案组成,参照表4.6.3合理选择。选定病害处治方法,重要的是要正确把握病害产生的原因。为了找出病害的原因,有必要将有关隧道设计和施工技术资料、地质资料和病害发生至今的过程作综合分析和研究。

1.衬砌表面腐蚀、剥落及灰缝脱落

可先清除表面已松动部分,分段或全面加喷一层厚3~6cm的水泥砂浆或水泥混凝土保护层。

2.衬砌变形、开裂

(1)衬砌背面存在空隙,可在衬背压注水泥砂浆,使衬砌受力均匀,有效地利用衬砌强度。

(2)衬砌厚度不足,年久变质,腐蚀剥落严重或裂缝区域较大而影响到衬砌强度时,可在衬砌外露面喷射水泥混凝土,其厚度一般为8~15cm,必要时可加配锚杆及钢筋网。

3.衬砌拱圈变形

可进行临时支护、喷射混凝土支护、喷锚支护或喷锚和挂网结合支护。

4.端墙、侧墙、翼墙位移、开裂

(1) 地基为膨胀性岩层或承载力不足而引起局部下沉:

①扩大基础,提高承载能力:如下沉不严重,可采取扩大基础,提高其承载能力。在隧道净宽能符合要求的条件下,还可在扩大的基础上浇筑水泥混凝土三角形撑托并用钢筋连接,如图4.6.1所示。

②设置仰拱:在路面下加设水泥混凝土或钢筋混凝土仰拱,如图4.6.2所示。

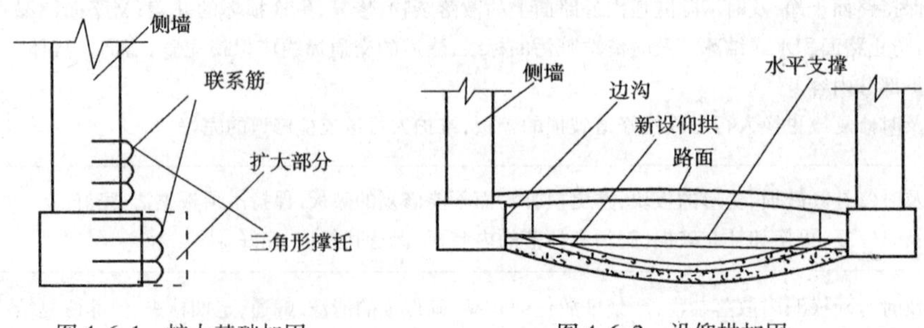

图4.6.1　扩大基础加固　　图4.6.2　设仰拱加固

病害处治方法参考表　　　　表 4.6.3

处治方法	病害原因												病害现象特征	预期效果
	外力引起的变化							材料劣化	渗漏水	其他				
	松弛压力	偏压	地层滑坡	膨胀性土压	承载力不足	静水压	冻胀力			衬砌背面空隙	衬砌厚度不足	无仰拱		
衬砌背面注浆	★	★	★	★	★	★	★		○	★			衬砌裂纹、剥离、剥落	衬砌与岩体紧密结合,荷载作用均匀,衬砌和围岩稳定
防护网								★					①衬砌裂纹、剥离、剥落; ②衬砌材料劣化	防止衬砌局部劣化
喷射混凝土	○	☆		☆	☆	○	○	☆			☆		①衬砌裂纹、剥离、剥落; ②衬砌材料劣化	防止衬砌局部劣化
锚杆加固	☆	★	☆	★	★	○	☆	○			☆	★	①拱部混凝土和侧壁混凝土裂纹、侧壁混凝土挤出; ②路面裂缝,路基膨胀	①岩体改善后岩体稳定性提高,防止松弛压力扩大; ②通过施加预应力,提高承受膨胀性土压和偏压的强度
排水止水	○	○	☆	○	○	★	★		★				①衬砌裂纹或施工缝漏水增加; ②随衬砌内漏水流出大量沙土	①防止衬砌劣化,保持美观; ②恢复排水系统功能,降低水压
套拱	○	☆	☆	☆	☆	○	○	☆			★		①衬砌裂纹、剥离、剥落; ②衬砌材质劣化	由于衬砌厚度增加,衬砌抗剪强度得到提高
绝热层							★						①拱部混凝土和侧壁混凝土裂缝,侧壁混凝土挤出; ②随季节变化而变动	①由于解冻,防止衬砌劣化; ②防止冻胀压力的产生
滑坡整治		☆	★										①衬砌裂缝、净空宽度缩小; ②路面裂缝,路基膨胀	防止岩层滑坡
围岩压浆	○	○				○		○	☆	☆	☆		①拱部混凝土和侧壁混凝土裂缝,侧壁混凝土挤出; ②路面裂缝,路基膨胀	周边岩体改善,提高了岩体的抗剪强度和黏结力
灌浆锚固	☆	★	★	★	★						○	★	①拱部混凝土和侧壁混凝土裂缝,侧壁混凝土挤出; ②路面裂缝,路基膨胀	由于施加预应力,提高膨胀性岩层、偏压岩层的强度
增设仰拱		★	☆	★	★	○	☆					★	①拱部混凝土和侧壁混凝土裂缝,侧壁混凝土挤出; ②路面裂缝,路基膨胀	提高对膨胀围岩压力和偏压围岩压力的抵抗力
更换衬砌	☆	☆	☆	☆	☆	○	○	★	☆	☆	★	★	①拱部混凝土和侧壁混凝土裂缝,侧壁混凝土挤出; ②路面裂缝,路基膨胀	更换衬砌,提高耐久性

注:1. 符号说明:★-对病害处治非常有效的方法;☆-对病害处治较有效的方法;○-对病害处治有些效果的方法。

2. 松弛压力中包括突发性崩溃的情况。

(2)端墙外倾：

①墙背填土改换内摩阻角大的填料。

②向墙背填土压注水泥砂浆。

③完善、整修端墙后的排水系统。

(3)衬砌侧墙外凸：

①向侧墙与围岩之间的填料压注水泥砂浆。

②用锚杆锚入围岩体内，并用水泥砂浆封固。

5. 路面拱起、沉陷、错台、开裂

(1)围岩侧压力过大引起侧墙内移而导致路面拱起时，可在路面下加设水平支撑或仰拱。

(2)路面局部沉陷、错台、严重碎裂：

①挖除碎裂路面及其下部已损坏的基层直至围岩，清底后用低强度等级混凝土重铺基层，再铺面层。

②路面局部沉陷、错台、开裂处如伴有严重的渗漏水，应同时处治渗漏水，将水引入两侧边沟，然后处治路面。

6. 明洞的地基病害处理

(1)地基强度不足引起两边墙下沉时，可在两边墙间的路面下加建仰拱，以减小地基应力。

(2)在半路堑地段，尤其是深埋基础的明洞外边墙可能向外侧位移时，宜在路面下设置钢筋混凝土横向水平拉杆，锚固于内边墙基础或岩体中，或用锚杆锚固于稳定的岩体中。当地形条件容许时，也可在外边墙外侧加建支撑垛墙。

(3)边墙后回填不实导致边墙侧向位移，应将回填不实部分用片石混凝土、浆砌片石回填密实，或喷注水泥砂浆。

(4)明洞的防水层已失效或损坏的应及时修复。其顶部覆盖填土与边坡交接处，应加修截水沟。有必要时，其他部位也可加建完善的防水、排水系统。

7. 隧道内出现渗漏水现象

(1)增设衬砌背面排水系统，即在边墙内加设竖向育沟及泄水管，将渗漏水引入隧道的边沟内排出。

(2)对裂缝集中处的漏水，可采用封闭裂缝埋管排漏的方法。具体的处治程序如下：

①将各漏水缝向选定的排水集中点开凿八字形沟槽。

②视漏水量的大小，用可透水软管嵌入八字形沟槽内，同时填抹速凝砂浆稳固。

③在排水集中点埋入一段硬塑管，并用砂浆稳固。

④在硬塑管外接一排水管，并固定在侧墙上，使漏水排入边沟。

(3)衬砌工作缝处漏水，可加设工作缝环形暗槽，将漏水通过暗槽内的半圆管排入纵向边沟。其处治的程序如下：

①以工作缝为中心，开一个宽 15cm，深 10cm 的槽。清槽，涂一遍沥青。

②布设玻璃布半圆管，用螺栓将其固定在槽壁上，在半圆管外侧涂抹快凝砂浆。

③在快凝砂浆外侧布设铁窗纱两道，用防水砂浆将槽口封平。

(4)少量渗水，可抹防水砂浆封闭，也可在衬砌表面铺一层防水层。防水材料可用水泥或树脂类材料，但注意不应使其承受水压。防水层外面还可喷一层水泥砂浆或水泥混凝土保护层。

(5)地下涌水可采用下列方法处治：

①设横向渗(盲)沟并加深纵向排水沟。必要时还可加修路中心排水沟或盲沟。

②修建水泥混凝土路面,并在路面下设隔水层,以阻断地下涌水。

③在路面与围岩之间压注防水水泥砂浆或水泥浆。

三、隧道附属设施的养护

隧道附属设施包括供配电设施、通风、照明、监控和消防设施以及消音减噪设施等,一般情况主要指为隧道营运服务的相关机电设施。

(1)机电设施养护应使设备技术状态达到产品说明书、设计文件或有关规范的要求。供配电设施养护人员应持有特殊工种上岗证书,并配备专门的电工检修工具。

(2)高速公路隧道、其他公路长和特长隧道,以及有特殊要求的中短隧道应进行供配电设施日常检查。供配电设施日常检查主要针对变压器、高低压配电柜及变配电室内相关设备外观及一般运行状态进行,通过观察外观异常、声响、发热、气味、火花等现象,及时发现设备故障。

(3)通风机械(包括轴流风机、离心风机、射流风机及其配套设施)应按照有关机械养护、检修的相关标准和规范进行养护、检修,每年进行一次全面检修。通风设施的日常检查主要是通过观察设备运转有无异常,确定设备是否存在隐患,并及时排除故障。

(4)隧道照明设施应加强检查、养护与维修。

①照明设施的日常检查主要是对设施的使用情况进行巡查登记。

②隧道照明设施的完好率应不低于90%,当照明光源已达到90%的额定寿命时,应进行成批更换,并选用节能光源。

③隧道中设置的照明器应防振、防水、防尘,并定期检查,及时进行维修和添补。灯泡损坏应及时更换。对中间段连续损坏2盏以上灯、洞口段损坏3盏以上灯,应及时进行更换。

四、养护注意事项

(1)养护作业的安全防护应包括养护作业机械、养护人员的安全防护。养护作业宜选择在交通量较小时段进行。隧道内的养护作业,应按《公路养护技术规范》(JTG H10—2009)相关规定进行,养护维修作业控制区经设定后不得随意变更,作业人员不得在作业控制区外活动或将任何施工机具、材料置于养护维修作业控制区以外。

(2)隧道内发生火灾及重大交通事故或坍塌等突发事件时,必须立即报警并按消防等预案进行救助,并配合有关部门到现场处理事故。事后,应尽快清理现场,排除路障,恢复隧道正常通行,并登记相关损失。应认真分析事故原因,恢复或改善隧道的防灾能力。

实战演练

参观一座隧道的检查养护工作,让学生写出相应的检查报告并提出维修建议

参考文献

[1] 中华人民共和国行业标准.JTG H10—2009 公路养护技术规范[S].北京:人民交通出版社,2009.

[2] 中华人民共和国行业标准.JTG H11—2004 公路桥涵养护规范[S].北京:人民交通出版社,2004.

[3] 中华人民共和国行业标准.JTJ 073.2—2001 公路沥青路面养护技术规范[S].北京:人民交通出版社,2001.

[4] 中华人民共和国行业标准.JTG H12—2003 公路隧道养护技术规范[S].北京:人民交通出版社,2003.

[5] 中华人民共和国行业标准.JTJ 073.1—2001 公路水泥混凝土路面养护技术规范[S].北京:人民交通出版社,2001.

[6] 中华人民共和国行业标准.JTG H20—2007 公路技术状况评定标准[S].北京:人民交通出版社,2007.

[7] 中华人民共和国行业标准.JTG H30—2004 公路养护安全作业规程[S].北京:人民交通出版社,2004.

[8] 中华人民共和国行业标准.JTG F40—2004 公路沥青路面施工技术规范[S].北京:人民交通出版社,2004.

[9] 中华人民共和国行业标准.JTG F80/1—2004 公路工程质量检验评定标准.第一册 土建工程[S].北京:人民交通出版社,2004.

[10] 中华人民共和国行业标准.JTG D50—2006 公路沥青路面设计规范[S].北京:人民交通出版社,2006.

[11] 中华人民共和国行业标准.JTG F41—2008 公路沥青路面再生技术规范[S].北京:人民交通出版社,2008.4.

[12] 黄晓明,江瑞龄,等.沥青路面就地热再生施工技术指南.北京:人民交通出版社,2007.

[13] 李世华,张建辉,等.道路桥梁工程系列丛书—道路桥梁养护手册.中国建筑工业出版社,2002.

[14] 交通运输部公路司.农村公路养护技术手册.北京:人民交通出版社,2008.

[15] 赵德龙,刘万共.公路养护技术常识问答.北京:人民交通出版社,2003.

[16] 刘红专.高速公路路基路面施工工艺.北京:人民交通出版社,2004.

[17] 王景峰.路基路面施工与养护技术.北京:人民交通出版社,2005.

[18] 徐世法,等.沥青铺装层病害防治与典型实例.北京:人民交通出版社,2005.

[19] 徐培华.高等级公路路基路面养护技术.北京:人民交通出版社,2003.

[20] 金志强.水泥混凝土路面养护维修手册.北京:人民交通出版社,2003.

[21] 周秀民,李素梅.高等级公路养护.北京:人民交通出版社,2007.

[22] 辽宁省交通厅公路管理局.全省公路科技创新研讨会交流资料[C].2008.

[23] 交通部公路科学研究院.微表处和稀浆封层技术指南.北京:人民交通出版社,2006.

[24] 吉林省交通厅,福建省交通厅.交通运输部“材料节约与循环利用专项行动计划”推广项

目系列指南之二:沥青路面就地再生技术指南. 北京:人民交通出版社,2008.
[25] 虎增福. 乳化沥青及稀浆封层技术. 北京:人民交通出版社,2001.
[26] 拾方治,马卫民. 沥青路面再生技术手册. 北京:人民交通出版社,2006.
[27] 高占云,汤红丽. 高等级公路维护与管理. 北京:人民交通出版社,2006.
[28] 徐犇. 桥梁检测与维修加固百问. 北京:人民交通出版社,2003.
[29] 张树仁. 桥梁病害诊断分析与桥梁改造加固设计. 北京:人民交通出版社,2006.